**Best Practice
der Finanzbuchhaltung**

Lösungen

Andreas Winiger
Dr. Urs Prochinig
Roger Biber

Best Practice der Finanzbuchhaltung

Lösungen

Andreas Winiger	war mehrere Jahre Finanzchef eines internationalen Konzerns und Unternehmensberater in verschiedenen Wirtschaftszweigen. Heute arbeitet er als Dozent für Rechnungswesen und leitet die Ausbildung für Fachleute im Finanz- und Rechnungswesen an der KV Zürich Business School. Er ist Aufgabenautor und Mitglied eidgenössischer Prüfungsgremien und bekannt als Autor von Fachbüchern, die auf Deutsch, Französisch und Italienisch erschienen sind.
Dr. Urs Prochinig	ist MBA (Master of Business Administration) und MASSHE (Master of Advanced Studies in Secondary and Higher Education). Er betreut Mandate als Unternehmensberater, arbeitet als Dozent in der Erwachsenenbildung und engagiert sich als Aufgabenautor und Mitglied eidgenössischer Prüfungsgremien. Er ist durch zahlreiche auf Deutsch, Französisch und Italienisch erschienene Fachbücher bekannt.
Roger Biber	ist eidg. diplomierter Wirtschaftsprüfer und Betriebsökonom FH. Er betreut Mandate als Wirtschaftsprüfer und Berater bei der BDO AG und ist Mitglied in deren Fachkommission Rechnungslegung nach Obligationsrecht. Im Nebenamt ist er als Dozent in der Ausbildung von Treuhändern sowie Fachleuten im Finanz- und Rechnungswesen tätig.

1. Auflage 2018	Andreas Winiger, Urs Prochinig, Roger Biber: Best Practice der Finanzbuchhaltung
	ISBN 978-3-286-33401-4
	© Verlag SKV AG, Zürich www.verlagskv.ch

Umschlagbild: ESB Professional/shutterstock.com

Haben Sie Anregungen oder Rückmeldungen? Wir nehmen diese gerne per E-Mail an feedback@verlagskv.ch entgegen.

Inhaltsverzeichnis

Grundlagen

1.01 Bilanzgliederung

Bilanz

Aktiven			Passiven		
Umlaufvermögen			**Kurzfristiges Fremdkapital**		
Flüssige Mittel und kurzfristige Aktiven mit Börsenkurs	24		Verbindlichkeiten aus Lieferungen und Leistungen	28	
Forderungen aus Lieferungen und Leistungen	76		Kurzfristige verzinsliche Verbindlichkeiten	7	
Übrige kurzfristige Forderungen	3		Übrige kurzfristige Verbindlichkeiten	9	
Vorräte und nicht fakturierte Dienstleistungen	33		Passive Rechnungsabgrenzungen	6	50
Aktive Rechnungsabgrenzungen	4	140	**Langfristiges Fremdkapital**		
			Langfristige verzinsliche Verbindlichkeiten	130	
			Rückstellungen	10	140
Anlagevermögen			**Eigenkapital**		
Finanzanlagen	5		Aktienkapital	100	
Beteiligungen	22		Gesetzliche Kapitalreserve	30	
Sachanlagen	225		Gesetzliche Gewinnreserve	20	
Immaterielle Werte	8	260	Freiwillige Gewinnreserven	60	210
		400			400

1.02 Gliederung Erfolgsrechnung

a)

Produktions-Erfolgsrechnung			Absatz-Erfolgsrechnung		
	Produktionserlös (Verkaufsertrag)	400		Produktionserlös (Verkaufsertrag)	400
+	Bestandesänderung fertige Erzeugnisse	10	./.	Herstellkosten der verkauften Erzeugnisse	−280
=	**Produktionsertrag (Betriebsertrag L+L)**	**410**	./.	Verwaltungs- und Vertriebsaufwand	− 80
./.	Materialaufwand	− 90			
./.	Personalaufwand	−130			
./.	Übriger betrieblicher Aufwand	−100			
./.	Abschreibungen und Wertberichtigungen	− 50			
=	**Betriebsgewinn vor Zinsen und Steuern (EBIT)**	**40**	=	**Betriebsgewinn vor Zinsen und Steuern (EBIT)**	**40**
./.	Finanzaufwand	− 9	./.	Finanzaufwand	− 9
=	**Betriebsgewinn vor Steuern**	**31**	=	**Betriebsgewinn vor Steuern**	**31**
./.	Betriebsfremder Aufwand	− 2	./.	Betriebsfremder Aufwand	− 2
+	Ausserordentlicher Ertrag	6	+	Ausserordentlicher Ertrag	6
=	**Unternehmensgewinn vor Steuern**	**35**	=	**Unternehmensgewinn vor Steuern**	**35**
./.	Direkte Steuern	− 7	./.	Direkte Steuern	− 7
=	**Unternehmensgewinn** (Jahresgewinn)	**28**	=	**Unternehmensgewinn** (Jahresgewinn)	**28**

b) Personalaufwand und Abschreibungsaufwand

1.03 Kontenrahmen KMU

	Konten	1	2	3	4	5	6	7	8
1	Aktienkapital		X						
2	Ausserordentlicher Aufwand								X
3	Bank-Kontokorrentguthaben	X							
4	Bank-Kontokorrentschuld		X						
5	Bestandesänderungen Erzeugnisse			X					
6	Beteiligungen	X							
7	Betriebsfremder Ertrag								X
8	Direkte Steuern								X
9	Ertrag Nebenbetrieb							X	
10	Fabrikgebäude	X							
11	Fahrzeugaufwand						X		
12	Fahrzeuge	X							
13	Finanzverbindlichkeiten		X						
14	Forderungen aus Lieferungen und Leistungen	X							
15	Freiwillige Gewinnreserven		X						
16	Gesetzliche Kapitalreserve		X						
17	Kasse	X							
18	Lohnaufwand					X			
19	Materialaufwand				X				
20	Materialvorrat	X							
21	Patente	X							
22	Produktionserlös (Verkaufserlös)			X					
23	Raumaufwand						X		
24	Rückstellungen		X						
25	Sozialversicherungsaufwand					X			
26	Unfertige und fertige Erzeugnisse	X							
27	Unterhalt und Reparaturen						X		
28	Verbindlichkeiten aus Lieferungen und Leistungen		X						
29	Werbeaufwand						X		
30	Wertberichtigungen Forderungen L+L	X							

1.04 Anhang

	Tatbestand	Ja	Nein
a	Erklärung, dass die Anzahl der Beschäftigten im Jahresdurchschnitt nicht über 250 Personen liegt.	X	
b	Es wurden stille Reserven von CHF 100 000 aufgelöst und solche von CHF 90 000 gebildet.		X
c	Die Meier AG hält 100 eigene Aktien.	X	
d	Ein seit zehn Jahren bestehender Mietvertrag für ein Verkaufslokal mit einer Kündigungsfrist von sechs Monaten.		X
e	Die Betriebsliegenschaft ist zur Sicherung einer Hypothek verpfändet.	X	
f	Die Meier AG gewährt einem Geschäftsleitungsmitglied ein Darlehen von CHF 80 000.	X	
g	Die Meier AG kaufte letztes Jahr für CHF 100 000 eine Beteiligung an der Albrecht GmbH. Sie verfügt über einen Kapital- bzw. Stimmenanteil von 60 %.	X	
h	Für eine gerichtliche Auseinandersetzung mit einem Kunden wurde eine Rückstellung gebildet, weil ein Mittelabfluss wahrscheinlich erscheint und zuverlässig geschätzt werden kann.		X
i	In der Berichtsperiode wurde ein nicht mehr benötigtes Stück Land verkauft und der Veräusserungsgewinn von 1.5 Millionen CHF als ausserordentlicher Ertrag ausgewiesen.	X	
j	Die Meier AG bewertete die kurzfristig gehaltenen Wertschriften zum Börsenkurs.	X	
k	Auf geleasten bilanzierten Produktionsanlagen besteht ein Eigentums-vorbehalt.	X	

1.05 Grundsätze ordnungsmässiger Rechnungslegung

a) Das ist ein Verstoss gegen das Verrechnungsverbot von OR 958c Abs. 1 Ziff. 7.

Ausserdem müssen gemäss den Gliederungsvorschriften von OR 959b Aufwände und Erträge separat ausgewiesen werden.

b) Das Gebot der Klarheit von OR 958c Abs. 1 Ziff. 1 ist verletzt.

Ausserdem müssen gemäss den Gliederungsvorschriften von OR 959a Abs. 1 Ziff. 2 Sachanlagen und immaterielle Werte separat ausgewiesen werden.

c) Es handelt sich grundsätzlich um einen Verstoss gegen die Stetigkeit in Darstellung und Bewertung von OR 958c Abs. 1 Ziff. 6.

Ein solcher Wechsel ist gestattet, muss aber gemäss OR 959c Abs. 1 Ziff. 1 im Anhang offengelegt werden.

d) Das ist ein Verstoss gegen das Prinzip der Vollständigkeit von OR 958c Abs. 1 Ziff. 2. Die Verbindlichkeiten müssen vollständig aufgeführt werden.

e) Grundsätzlich dürfen Aufwände und Erträge gemäss OR 958c Abs. 1 Ziff. 7 nicht miteinander verrechnet werden. Hier ist eine Verrechnung jedoch möglich, da es sich um einen unwesentlichen Betrag handelt (OR 958c Abs. 1 Ziff. 4).

f) Das Vorsichtsprinzip erlaubt eine Unterbewertung von Aktiven und eine Überbewertung von Verbindlichkeiten (OR 958c Abs. 1 Ziff. 5).

g) Das ist kein Verstoss gegen das Prinzip von Klarheit und Verständlichkeit von OR 958c Abs. 1 Ziff. 1. Das Weglassen von Rappen ist sogar wünschenswert, weil sich der Leser einen besseren Überblick verschaffen kann und nicht durch unbedeutende Ziffern vom Wesentlichen abgelenkt wird. Im vorliegenden Fall könnte auch eine Darstellung in CHF 1000 ins Auge gefasst werden.

h) Das ist ein Verstoss gegen das Verrechnungsverbot von OR 958c Abs. 1 Ziff. 7.

i) Das ist ein Verstoss gegen das Prinzip der Vollständigkeit von OR 958c Abs. 1 Ziff. 2. Die Verbindlichkeiten müssen vollständig aufgeführt werden.

Im Übrigen verlangt OR 960e Abs. 2 ausdrücklich die Bildung von Rückstellungen für vergangene Ereignisse, die einen künftigen Mittelabfluss erwarten lassen.

k) Das ist ein Verstoss gegen das Prinzip der Verlässlichkeit von OR 958c Abs. 1 Ziff. 3. Die Adressaten müssen sich darauf verlassen können, dass die Jahresrechnung keine wesentlichen Fehler enthält.

1.06 Aktivierungsfähigkeit und Aktivierungspflicht

a) Das Merkmal des künftigen Mittelzuflusses fehlt, weshalb dieser Tatbestand nicht aktivierungsfähig ist, sondern als Aufwand verbucht werden muss.

b) Grundlagenforschung ist eine nicht zweckgerichtete, sich mit den allgemeinen Grundlagen einer Wissenschaft beschäftigende Forschung, aus der sich die Unternehmung einen künftigen Mittelzufluss erhofft. Dieser lässt sich indes nicht verlässlich schätzen, weshalb diese Ausgaben nicht aktivierungsfähig sind und als Aufwand erfasst werden müssen.

c) Die Aktivierungsfähigkeit ist gegeben, sofern

- das Produkt über die Marktreife verfügt bzw. bald zur Marktreife geführt werden kann
- am Markt eine genügende Nachfrage besteht
- die Unternehmung über die technischen und finanziellen Möglichkeiten zur Herstellung und Vermarktung verfügt.

Aufgrund des grossen Ermessensspielraums bei der Beurteilung dieses Sachverhalts besteht ein Aktivierungsrecht, aber keine Aktivierungspflicht.

d) Da alle Merkmale eines Aktivums vorliegen, besteht eine Aktivierungspflicht.

e) Es fehlt das Merkmal der Verfügungsmacht, weshalb der Tatbestand nicht aktivierungsfähig ist und als Aufwand verbucht werden muss.

1.07 Bewertung von Sachanlagen

a) Zum Anschaffungswert von 600.

b) Zum Buchwert von 400. Anschaffungswert 600, abzüglich zwei Jahre Abschreibung von je 100.

c) Die ordentliche Abschreibung beträgt 100. Zusätzlich ist eine Wertberichtigung von 120 für die ausserplanmässige Wertminderung zu buchen.

1.08 Bewertung von Sachanlagen

Der Höchstwert beträgt CHF 60 000 (Anschaffungswert CHF 100 000 abzüglich vier planmässige Abschreibungen zu CHF 10 000).

Da die Schule erfolgreich ist und keine konkreten Anzeichen für eine Überbewertung vorliegen (OR 960 Abs. 3), erfolgt die Bewertung zu Fortführungswerten gemäss OR 958a Abs. 1. Der Wiederbeschaffungswert hat keine Bedeutung.

1.09 Bewertung von Aktiven mit Börsenkurs

a) 120

b) 70

1.10 Bewertung von Vorräten

a) Höchstens zum Anschaffungswert von CHF 2000 (4 Stück zu CHF 500). Nicht realisierte Gewinne dürfen nicht ausgewiesen werden.

b) Höchstens zum Netto-Veräusserungswert von CHF 1600 (4 Stück zu CHF 400). Nicht realisierte Verluste sind zu erfassen.

Im Fachjargon wird diese tiefere Bewertung der Vorräte zum Netto-Veräusserungswert als *verlustfreie Bewertung* bezeichnet: Erkennbare künftige Verluste werden bereits in der laufenden Rechnung vorweggenommen, d. h., die Vorräte sind verlustfrei bewertet.

1.11 Einzelbewertung

	Erstbewertung Anfang 20_1	Schätzwert Ende 20_3	Folgebewertung Ende 20_3
Beteiligung A	600	1 000	600
Beteiligung B	400	300	300
Total	1 000	1 400	900

Der Grundsatz der Einzelbewertung von OR 960 Abs. 1 verlangt, dass die Wertsteigerung von Beteiligung A nicht mit der Wertminderung von Beteiligung B verrechnet werden darf.

1.12 Rückstellungen

Es handelt sich nicht um eine Verbindlichkeit, da das Betriebsfest nicht auf einem vergangenen, sondern auf einem künftigen Ereignis beruht. Deshalb muss keine Rückstellung gebildet werden.

1.13 Rückstellungen

a) Es ist eine Rückstellung von CHF 200 000 zu bilden.

b) Der Betrag dürfte höher, aber nicht tiefer angesetzt werden.

1.14 Grössere Unternehmen

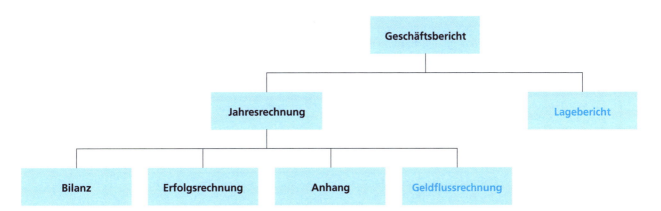

1.15 Geschäftsbericht

	Tatbestand	Bilanz	Erfolgsrechnung	Anhang	Geldflussrechnung	Lagebericht
1	Bestellungs- und Auftragslage					X
2	Direkte Steuern der Periode		X			
3	EBIT		X			
4	Eigenkapital	X				
5	Eigentumsvorbehalte			X		
6	Ertragslage		X			
7	Geldfluss aus Geschäftstätigkeit (Cashflow)				X	
8	Gesamtbetrag verpfändeter Aktiven			X		
9	Investitionstätigkeit (Käufe und Verkäufe von Anlagevermögen)				X	
10	Kurzfristige Verbindlichkeiten	X				
11	Ursachen für Veränderungen des Eigenkapitals		X		(X)	
12	Ursachen für Veränderungen der flüssigen Mittel				X	
13	Verkaufsumsatz		X			
14	Vermögenslage	X				
15	Wesentliche Nettoauflösung stiller Reserven			X		
16	Zukunftsaussichten					X

1.16 Multiple-Choice-Fragen

	Aussage	Richtig	Begründung, warum falsch
1	Buchführungspflichtig sind grundsätzlich Einzelunternehmungen und Personengesellschaften ab einem Umsatzerlös von CHF 500 000 sowie juristische Personen.		Buchführungspflichtig sind auch die kleineren Einzelunternehmungen und Personengesellschaften; allerdings ist diese auf eine einfache Buchhaltung beschränkt.
2	Die Buchungsbelege dürfen nach der Verbuchung entsorgt werden, da in Journal und Hauptbuch alle wesentlichen Transaktionen festgeschrieben sind.		Jede buchführungspflichtige Unternehmung muss die Geschäftsbücher, die Buchungsbelege und die Geschäftskorrespondenz während 10 Jahren aufbewahren.
3	In der Jahresrechnung sind neben den Zahlen für das Geschäftsjahr die entsprechenden Werte des Vorjahres anzugeben.	X	
4	Die Rechnungslegung erfolgt in Schweizer CHF.		Die Rechnungslegung kann auch in einer für die Geschäftstätigkeit wesentlichen ausländischen Währung geführt werden. Allerdings müssen dann im Abschluss zusätzlich die Werte in CHF angegeben werden.
5	Die Rechnungslegung erfolgt in einer Landessprache.		Auch Englisch ist zugelassen.
6	Der Bestand der einzelnen Positionen in der Bilanz ist durch ein Inventar oder auf andere Art nachzuweisen.	X	
7	Die Jahresrechnung einer Aktiengesellschaft richtet sich im Normalfall an die Aktionäre sowie die Mitarbeiter der Unternehmung.		Die Mitarbeiter erhalten keine Jahresrechnung.
8	Bei börsenkotierten Unternehmungen wird anstelle der Jahresrechnung nach Obligationenrecht ein Abschluss nach anerkanntem Standard zur Rechnungslegung erstellt.		Der Abschluss nach anerkanntem Standard erfolgt zusätzlich (nicht anstelle).
9	Die Swiss GAAP FER, die IFRS und ausnahmsweise die US GAAP sind anerkannte Standards zur Rechnungslegung.	X	
10	Kontrolliert eine juristische Person ein oder mehrere Unternehmen, ist grundsätzlich eine Konzernrechnung zu erstellen. Kleine Konzerne sind von dieser Pflicht befreit.	X	

Einkauf, Vorratsführung, Verkauf

2.01 Warenhandel

a)

	Soll-Konto		Haben-Konto		Betrag
Rechnungseingang	1200	Handelswarenvorrat	2000	Verbindlichkeiten L+L	4 500
Zahlung	2000	Verbindlichkeiten L+L	1020	Bankguthaben	4 500
Barverkauf	1000	Kasse	3200	Handelserlöse	2 500
Warenaufwand	4200	Handelswarenaufwand	1200	Handelswarenvorrat	1 500

	Kasse	Bank-guthaben	Handelswaren-vorrat	Verbindlich-keiten L+L	Handelswaren-aufwand	Handelserlöse
Anfangsbestände	1 000	10 000	0		0	
Rechnungseingang			4 500	4 500		
Zahlung		4 500		4 500		
Barverkauf	2 500					2 500
Warenaufwand			1 500		1 500	
Salden	3 500	5 500	3 000	0	1 500	2 500

b)

	Handelserlöse (Warenertrag)	2 500	100 %
./.	Handelswarenaufwand	−1 500	− 60 %
=	**Bruttogewinn**	**1 000**	**40 %**

c) Der Bruttogewinn dient zur Deckung des Gemeinaufwands wie Personal-, Raum- und Abschreibungsaufwand und zur Erzielung eines (Betriebs-)Gewinns.

d) Der Saldo von CHF 3000 entspricht dem Einstandswert der beiden Mountainbikes, die noch an Lager liegen.

e)

	Soll-Konto		Haben-Konto		Betrag
Rechnungseingang	4200	Handelswarenaufwand	2000	Verbindlichkeiten L+L	4 500
Zahlung	2000	Verbindlichkeiten L+L	1020	Bankguthaben	4 500
Barverkauf	1000	Kasse	3200	Handelserlöse	2 500

	Kasse	Bank-guthaben	Handelswaren-vorrat	Verbindlich-keiten L+L	Handelswaren-aufwand	Handelserlöse
Anfangsbestände	1 000	10 000	0		0	
Rechnungseingang				4 500	4 500	
Zahlung		4 500		4 500		
Barverkauf	2 500					2 500
Salden	3 500	5 500	0	0	4 500	2 500

f) Aus den Kontosalden ergibt sich ein provisorischer Bruttoverlust von 2000 (Handelserlöse 2500 ./. Handelswarenaufwand 4500).

Dieser Verlust entspricht nicht der Realität, da dem Verkaufserlös eines Montainbikes der Einstandswert von drei Montainbikes gegenübergestellt wird.

g) Der Kontosaldo von 0 bedeutet, dass keine Vorräte vorhanden sind, obwohl tatsächlich noch zwei Montainbikes an Lager liegen.

h)

	Soll-Konto	Haben-Konto	Betrag
Vorratsveränderung	1200 Handelswarenvorrat	4200 Handelswarenaufwand	3 000

	Kasse	Bank-guthaben	Handelswaren-vorrat	Verbindlich-keiten L+L	Handelswaren-aufwand	Handelserlöse
Salden gemäss ee)	3 500	5 500	0	0	4 500	2 500
Vorratsveränderung			3 000		3 000	
Salden	**3 500**	**5 500**	**3 000**	**0**	**1 500**	**2 500**

i) Nach Verbuchung der Vorratsveränderung zeigen die Konten nach beiden Methoden dieselben Werte.

2.02 Warenhandel mit Rabatten

a)

	Soll-Konto	Haben-Konto	Betrag
Einkauf	1200 Handelswarenvorrat	2000 Verbindlichkeiten L+L	6 400
	2000 Verbindlichkeiten L+L	1020 Bankguthaben	6 400
Verkauf[1]	1020 Bankguthaben	3200 Handelserlöse	120
	3800 Skonti und Rabatte	1020 Bankguthaben	12
	4200 Handelswarenaufwand	1200 Handelswarenvorrat	64

	Bank-guthaben	Handelswaren-vorrat	Verbindlich-keiten L+L	Handelswaren-aufwand	Handelserlöse	Skonti und Rabatte
Anfangsbestände	9 000	0	0			
Rechnungseingang		6 400	6 400			
Zahlung	6 400		6 400			
Verkauf brutto	120				120	
Rabatt	12					12
Warenaufwand		64		64		

[1] Der Verkauf kann alternativ wie folgt gebucht werden:

Soll-Konto	Haben-Konto	Betrag
1020 Bankguthaben	3200 Handelserlöse	108
3800 Skonto und Rabatte	3200 Handelserlöse	12
4200 Handelswarenaufwand	1200 Handelswarenvorrat	64

b) Durch die separate Verbuchung können die Abweichungen der tatsächlich gewährten gegenüber den geplanten Rabatten analysiert werden.

c) Rabatte auf der Beschaffung werden meist nicht separat budgetiert, weshalb auf eine separate Verbuchung verzichtet werden kann.

Grundsätzlich ist nur der tatsächlich bezahlte Einkaufspreis von Bedeutung.

d)

	Soll-Konto		Haben-Konto		Betrag
Einkauf	4200	Handelswarenaufwand	2000	Verbindlichkeiten L+L	6 400
	2000	Verbindlichkeiten L+L	1020	Bankguthaben	6 400
Verkauf	1020	Bankguthaben	3200	Handelserlöse	120
	3800	Skonti und Rabatte	1020	Bankguthaben	12

	Bank-guthaben	Handelswaren-vorrat	Verbindlich-keiten L+L	Handelswaren-aufwand	Handelserlöse	Skonti und Rabatte
Anfangsbestände	9 000	0	0			
Rechnungseingang			6 400	6 400		
Zahlung	6 400		6 400			
Verkauf brutto	120				120	
Rabatt	12					12

e) Die ruhende Vorratsführung erfordert weniger Buchungsaufwand, da die Lagerbezüge unter dem Jahr nicht erfasst werden müssen.

Auf ein Hilfsbuch für die Vorräte kann verzichtet werden, wodurch die Anforderungen an eine geeignete Software tief sind.

2.03 Einstandswert (Anschaffungskosten)

Zum Einstandswert (Anschaffungswert) von CHF 50 (CHF 2500 : 50 Stück)

2.04 Wareneinkauf mit Skontoabzug

a)

	Soll-Konto		Haben-Konto		Betrag
Rechnungseingang	1200	Handelswarenvorrat	2000	Verbindlichkeiten L+L	1 400
Nettozahlung	2000	Verbindlichkeiten L+L	1020	Bankguthaben	1 386
Skonto	2000	Verbindlichkeiten L+L	4900	Skonti und Rabatte	14

b) Über das Konto *6950 Zinsertrag,* was indes in der Praxis eher unüblich ist.

c) Die zwei wichtigsten Gründe sind:

- Der Skonto hat in der Regel nichts mit dem eingekauften Artikel, sondern mit der vorzeitigen Bezahlung zu tun.
- Je nach Buchhaltungs-Software ist es nach der Einlagerung eines Artikels nicht mehr möglich, den Einstandswert anzupassen.

d)

	Soll-Konto		Haben-Konto		Betrag
Rechnungseingang	4200	Handelswarenaufwand	2000	Verbindlichkeiten L+L	1 400
Nettozahlung	2000	Verbindlichkeiten L+L	1020	Bankguthaben	1 386
Skonto	2000	Verbindlichkeiten L+L	4900	Skonti und Rabatte	14

e)

	Soll-Konto		Haben-Konto		Betrag
Fakturierung	1100	Forderungen L+L	3000	Produktionserlöse	1 400
Nettozahlung	1020	Bankguthaben	1100	Forderungen L+L	1 386
Skonto	3800	Skonti und Rabatte	1100	Forderungen L+L	14

2.05 Warenhandel mit Beschaffungskosten

a)

	Soll-Konto		Haben-Konto		Betrag
Einkauf	1200	Handelswarenvorrat	2000	Verbindlichkeiten L+L	5 000
	2000	Verbindlichkeiten L+L	1020	Bankguthaben	5 000
Transportkosten	4700	Beschaffungsaufwand	1000	Kasse	50

b) Sie gehören zu den Anschaffungskosten und könnten aktiviert werden.

c) Die wichtigsten Gründe sind:

- Die Beschaffungskosten sind im Verhältnis zum Warenwert meist unwesentlich.
- Beim gleichzeitigen Einkauf von verschiedenen Artikeln lassen sich die gesamthaft anfallenden Beschaffungskosten nicht eindeutig den einzelnen Artikeln zuordnen.
- Je nach Buchhaltungs-Software ist es nach der Einlagerung eines Artikels nicht mehr möglich, den Einstandswert anzupassen.

d)

	Soll-Konto		Haben-Konto		Betrag
Einkauf	4200	Handelswarenaufwand	2000	Verbindlichkeiten L+L	5 000
	2000	Verbindlichkeiten L+L	1020	Bankguthaben	5 000
Transportkosten	4700	Beschaffungsaufwand	1000	Kasse	50

e)

	Soll-Konto		Haben-Konto		Betrag
Fakturierung Warenwert	1100	Forderungen L+L	3000	Produktionserlöse	5 000
Fakturierung Transportkosten	1100	Forderungen L+L	3600	Übrige Erlöse L+L	50

2.06   Wareneinkauf mit Anzahlungen

a)

	Soll-Konto		Haben-Konto		Betrag
Erhalt Anzahlungsrechnung	1290	Geleistete Anzahlungen Vorräte	2000	Verbindlichkeiten L+L	1 100
Zahlung	2000	Verbindlichkeiten L+L	1020	Bankguthaben	1 100
Erhalt Lieferantenrechnung	1200	Handelswarenvorrat	2000	Verbindlichkeiten L+L	3 200
Verrechnung Anzahlung	2000	Verbindlichkeiten L+L	1290	Geleistete Anzahlungen Vorräte	1 100
Restzahlung	2000	Verbindlichkeiten L+L	1020	Bankguthaben	2 100

b)

	Soll-Konto		Haben-Konto		Betrag
Erhalt Anzahlungsrechnung	1290	Geleistete Anzahlungen Vorräte	2000	Verbindlichkeiten L+L	1 100
Zahlung	2000	Verbindlichkeiten L+L	1020	Bankguthaben	1 100
Erhalt Lieferantenrechnung	4200	Handelswarenaufwand	2000	Verbindlichkeiten L+L	3 200
Verrechnung Anzahlung	2000	Verbindlichkeiten L+L	1290	Geleistete Anzahlungen Vorräte	1 100
Restzahlung	2000	Verbindlichkeiten L+L	1020	Bankguthaben	2 100

c)

	Soll-Konto		Haben-Konto		Betrag
Versand Anzahlungsrechnung	1100	Forderungen L+L	2030	Erhaltene Anzahlungen	1 100
Zahlung	1020	Bankguthaben	1100	Forderungen L+L	1 100
Verkaufspreis brutto	1100	Forderungen L+L	3000	Produktionserlöse	4 000
Rabatt	3800	Skonti und Rabatte	1100	Forderungen L+L	800
Verrechnung Anzahlung	2030	Erhaltene Anzahlungen	1100	Forderungen L+L	1 100
Restzahlung	1020	Bankguthaben	1100	Forderungen L+L	2 100

2.07   Laufende und ruhende Vorratsführung

a)

	Bank-guthaben		Handelswaren-vorrat		Handelswaren-aufwand		Skonti und Rabatte		Handelserlöse		Skonti und Rabatte	
Anfangsbestände	2 000		0									
Lieferantenrechnung			1 700									
Nettozahlung		1 666										
Skontoabzug							34					
Verkauf Huber				170	170				250			
Rücknahme[1]				−170	−170				−250			
Verkauf Müller	450			340	340				500		50	
Salden		784		1 360	340		34		500			50

b)

	Bank-guthaben		Handelswaren-vorrat		Handelswaren-aufwand		Skonti und Rabatte		Handelserlöse		Skonti und Rabatte	
Anfangsbestände	2 000		0									
Lieferantenrechnung					1 700							
Nettozahlung		1 666										
Skontoabzug							34					
Verkauf Huber									250			
Rücknahme									−250			
Verkauf Müller	450								500		50	
Salden		784		0	1 700		34		500			50

[1] Der Umsatz wird bei einer Rücknahme storniert, d. h., die durch den Umsatz ausgelösten Buchungen werden nochmals gemacht, jedoch mit negativen Vorzeichen. Dadurch ist der Umsatz aus buchhalterischer Sicht nie erfolgt. Die Stornobuchungen für diesen Geschäftsfall lauten:

Soll-Konto		Haben-Konto		Betrag
1000	Kasse	3200	Handelserlöse	−250
4200	Handelswarenaufwand	1200	Handelswarenvorrat	−170

2.08 Bewertungsmethoden für Vorräte

a)

Lagerbuchhaltung mit FIFO

Datum	Text	Lagereingänge			Lagerausgänge			Bestand		
		Menge	Preis	Total	Menge	Preis	Total	Menge	Preis	Total
01.01.	Anfangsbestand							3	500	1 500
03.01.	Einkauf 5 Stück	5	540	2 700				3	500	1 500
								5	540	2 700
10.01.	Verkauf 6 Stück				3	500	1 500	2	540	1 080
					3	540	1 620			
17.01.	Einkauf 4 Stück	4	510	2 040				2	540	1 080
								4	510	2 040
24.01.	Verkauf 5 Stück				2	540	1 080	1	510	510
					3	510	1 530			

Lagerbuchhaltung mit gewichtetem Durchschnittspreis

Datum	Text	Lagereingänge			Lagerausgänge			Bestand		
		Menge	Preis	Total	Menge	Preis	Total	Menge	Preis	Total
01.01.	Anfangsbestand							3	500	1 500
03.01.	Einkauf 5 Stück	5	540	2 700				8	525	4 200
10.01.	Verkauf 6 Stück				6	525	3 150	2	525	1 050
17.01.	Einkauf 4 Stück	4	510	2 040				6	515	3 090
24.01.	Verkauf 5 Stück				5	515	2 575	1	515	515

Lagerbuchhaltung mit Verrechnungspreis von 500

Datum	Text	Lagereingänge			Lagerausgänge			Bestand		
		Menge	Preis	Total	Menge	Preis	Total	Menge	Preis	Total
01.01.	Anfangsbestand							3	500	1 500
03.01.	Einkauf 5 Stück	5	500	2 500				8	500	4 000
10.01.	Verkauf 6 Stück				6	500	3 000	2	500	1 000
17.01.	Einkauf 4 Stück	4	500	2 000				6	500	3 000
24.01.	Verkauf 5 Stück				5	500	2 500	1	500	500

b)

	Soll-Konto		Haben-Konto		Betrag
FIFO	1200	Handelswarenvorrat	2000	Verbindlichkeiten L+L	2 700
Durchschnittspreis	1200	Handelswarenvorrat	2000	Verbindlichkeiten L+L	2 700
Verrechnungspreis	1200	Handelswarenvorrat	2000	Verbindlichkeiten L+L	2 500
	4909	Preisdifferenzen	2000	Verbindlichkeiten L+L	200

c)

Methode	Berechnung	Betrag
First-in-first-out	1 500 + 1 620 + 1 080 + 1 530	5 730
Gewichteter Durchschnitt	3 150 + 2 575	5 725
Verrechnungspreis	3 000 + 2 500	5 500[1]

d) Sowohl nach OR als auch nach Swiss GAAP FER sind alle drei Bewertungsmethoden erlaubt.

2.09   Bewertung der Warenvorräte am Jahresende

Artikel	Historischer Einstandspreis	Aktueller Einstandspreis	Erwarteter Verkaufspreis	Erwartete Verkaufskosten	Erwartete Erlösminderungen	Netto-Veräusserungswert
Hosen	250	232	320	70	10	240
Jacken	524	540	680	80	20	580
Schuhe	96	100	128	9	3	116

a) Einzelbewertung **860** (240 + 524 + 96)

Gruppenbewertung **870** (250 + 524 + 96)

b) Grundsätzlich müssen gemäss OR 960 Aktiven und Verbindlichkeiten einzeln bewertet werden. Die Gruppenbewertung ist erlaubt, sofern die einzelnen Positionen gleichartig sind und üblicherweise zu einer Gruppe zusammengefasst werden.

Im vorliegenden Fall können die verschiedenen Bekleidungen als Gruppe zusammengefasst werden.

[1] Der gesamte Warenaufwand nach der Verrechnungspreismethode beträgt 5740. Bei der Berechnung müssen die Preisdifferenzen von 240 (200 beim Einkauf vom 03.01. und 40 beim Einkauf vom 17.01.) mit berücksichtigt werden.

2.10 Vorratsbewegungen im Warenhandel

a)

	Soll-Konto		Haben-Konto		Betrag
Einkauf	1200	Handelswarenvorrat	2000	Verbindlichkeiten L+L	800
Verkauf	1100	Forderungen L+L	3200	Handelserlöse	1 200
	4200	Handelswarenaufwand	1200	Handelswarenvorrat	640
Einkauf	1200	Handelswarenvorrat	2000	Verbindlichkeiten L+L	900
Verkauf	1100	Forderungen L+L	3200	Handelserlöse	1 350
	4200	Handelswarenaufwand	1200	Handelswarenvorrat	790
Geschenke	6600	Werbeaufwand	1200	Handelswarenvorrat	90
Inventardifferenz	4880	Material- und Handelswarenverluste	1200	Handelswarenvorrat	18

b)

	Soll-Konto		Haben-Konto		Betrag
Einkauf	4200	Handelswarenaufwand	2000	Verbindlichkeiten L+L	800
Verkauf	1100	Forderungen L+L	3200	Handelserlöse	1 200
Einkauf	4200	Handelswarenaufwand	2000	Verbindlichkeiten L+L	900
Verkauf	1100	Forderungen L+L	3200	Handelserlöse	1 350
Geschenke	Keine Buchung[1]				
Vorratsveränderung[2]	1200	Handelswarenvorrat	4200	Handelswarenaufwand	162

2.11 Retouren

a)

	Soll-Konto		Haben-Konto		Betrag
Gutschrift	1100	Forderungen L+L	3200	Handelserlöse	– 160
Umbuchung Verlust	4880	Material- und Handelswarenverluste	4200	Handelswarenaufwand	100

b)

	Soll-Konto		Haben-Konto		Betrag
Gutschrift	1100	Forderungen L+L	3200	Handelserlöse	– 160
Einlagerung	4200	Handelswarenaufwand	1200	Handelswarenvorrat	– 100

[1] Zur Erhöhung der Aussagekraft der Erfolgsrechnung wäre es trotz ruhender Vorratsführung sinnvoll, diesen Geschäftsfall wie folgt zu erfassen:

Soll-Konto		Haben-Konto		Betrag
6600	Werbeaufwand	4200	Handelswarenaufwand	90

[2] Das Manko ist bei ruhender Kontenführung nicht ersichtlich.

2.12 Gutscheine

a)

	Soll-Konto		Haben-Konto		Betrag
Verkauf Gutschein	1000	Kasse	2015	Ausstehende Gutscheine	150
Verkauf der Behandlung	1000	Kasse	3400	Dienstleistungserlöse	50
Verrechnung Gutschein	2015	Ausstehende Gutscheine	3400	Dienstleistungserlöse	150

b) Je nach Branche werden nicht alle Gutscheine eingelöst, weshalb ein Teil dieser Verbindlichkeiten eventuell aufgelöst werden kann.

2.13 Bestandesänderungen Erzeugnisse

a)

	Soll-Konto		Haben-Konto		Betrag
BÄ unfertige Erzeugnisse	3900	BÄ unfertige Erzeugnisse	1270	Unfertige Erzeugnisse	10
BÄ fertige Erzeugnisse	1260	Fertige Erzeugnisse	3901	BÄ fertige Erzeugnisse	30

b) Durch die Verbuchung in der Kontoklasse 3 wird der Gesamtertrag korrigiert und den
Gesamtkosten gegenübergestellt (Matching Principle).

Die Bestandesänderungen werden zu Herstellkosten verbucht. Diese enthalten Material-
kosten (Kontoklasse 4), Personalkosten (Kontoklasse 5) sowie übrige Gemeinkosten
(Kontoklasse 6).

2.14 Verschiedene Geschäftsfälle im Produktionsbetrieb

	Soll-Konto		Haben-Konto		Betrag
Materialeinkauf	1220	Materialvorrat	2000	Verbindlichkeiten L+L	80
Beschaffungskosten	1220	Materialvorrat	2000	Verbindlichkeiten L+L	2
Materialverbrauch	4000	Materialaufwand	1220	Materialvorrat	60
Versand Anzahlungsrechnung	1100	Forderungen L+L	2030	Erhaltene Anzahlungen	33
Zahlung	1020	Bankguthaben	1100	Forderungen L+L	33
Fakturierung	1100	Forderungen L+L	3000	Produktionserlöse	99
Verrechnung Anzahlung	2030	Erhaltene Anzahlungen	1100	Forderungen L+L	33
Manko	4880	Material- und Handelswarenverluste	1220	Materialvorrat	1
BÄ unfertige Erzeugnisse	1270	Unfertige Erzeugnisse	3900	BÄ unfertige Erzeugnisse	6

2.15 Nicht fakturierte Dienstleistungen (DL)

a)

	Soll-Konto		Haben-Konto		Betrag
BÄ nicht fakturierte DL	1280	Nicht fakturierte DL	3940	BÄ nicht fakturierte DL	2

b) Im Auftragsbearbeitungsprogramm wird jedem Kundenauftrag eine separate Auftrags-
nummer zugeteilt.

Die Mitarbeitenden erfassen die geleistete Arbeit auf die Aufträge. Ende Jahr zeigt die
Liste der nicht fakturierten Dienstleistungen (Inventar) den Wert der aufgelaufenen
Arbeit.

2.16 Verschiedene Geschäftsfälle im Dienstleistungsunternehmen

	Soll-Konto		Haben-Konto		Betrag
Einkauf Büromaterial	6500	Verwaltungsaufwand	1000	Kasse	3
Einkauf Dienstleistung	4400	Dienstleistungsaufwand	2000	Verbindlichkeiten L+L	12
Mietzins	6000	Mietzinsaufwand	1020	Bankguthaben	8
Fakturierung	1100	Forderungen L+L	3400	Dienstleistungserlöse	100
Zahlungseingang netto	1020	Bankguthaben	1100	Forderungen L+L	98
Skontoabzug	3800	Skonti und Rabatte	1100	Forderungen L+L	2
BÄ nicht fakturierte DL	3940	BÄ nicht fakturierte DL	1280	Nicht fakturierte DL	7

2.17 Kundenforderungen der Versandhandel AG

	Soll-Konto		Haben-Konto		Betrag
Fakturierung	1100	Forderungen L+L	3200	Handelserlöse	30 000
Warenaufwand	4200	Handelswarenaufwand	1200	Handelswarenvorrat	20 000
Zahlungseingang	1020	Bankguthaben	1100	Forderungen L+L	28 000
Kostenvorschuss	1100	Forderungen L+L	1000	Kasse	50
Umbuchung Forderung	1105	Dubiose Forderungen	1100	Forderungen L+L	2 050
Forderungsverlust	3805	Verluste Forderungen	1105	Dubiose Forderungen	2 050

2.18 Dubiose Forderungen und Forderungsverluste

	Soll-Konto		Haben-Konto		Betrag
Anzahlung	1000	Kasse	2030	Erhaltene Anzahlungen	200
Fakturierung	1100	Forderungen L+L	3200	Handelserlöse	600
Verrechnung der Anzahlung	2030	Erhaltene Anzahlungen	1100	Forderungen L+L	200
Warenaufwand	4200	Handelswarenaufwand	1200	Handelswarenvorrat	380
Kostenvorschuss	1100	Forderungen L+L	1000	Kasse	7
Umbuchung Forderung	1105	Dubiose Forderungen	1100	Forderungen L+L	407
Teilzahlung	1020	Bankguthaben	1105	Dubiose Forderungen	300
Forderungsverlust	3805	Verluste Forderungen	1105	Dubiose Forderungen	107

2.19 Bewertung von Kundenforderungen

a)

Übersicht der Forderungen

	01.01. Bestand	WB	31.12. Bestand	WB	Veränderung Wertberichtigung
Forderungen L+L Inland	300	15	260	13	–2
Forderungen L+L Ausland	100	10	130	13	3
Dubiose Forderungen L+L	40	20	30	15	–5
Total	440	45	420	41	–4

b)

	Soll-Konto	Haben-Konto	Betrag
Veränderung WB	1109 WB Forderungen L+L	3804 Veränderung WB Forderungen	4

c) Das OR erlässt keine Mindestbewertungs-Vorschriften für die Aktiven, weshalb aus Vorsichtsgründen eine vollständige Wertberichtigung erlaubt wäre.

d) Falls die Wertberichtigung über die erlaubte Pauschale hinausgeht, muss die spezielle Gefährdung auf eine geeignete Art nachgewiesen werden.

In der Regel verlangen die Steuerbehörden eine Liste mit den Namen der speziell gefährdeten Forderungen und der getroffenen Massnahmen.

2.20 Verschiedene Geschäftsfälle mit Kundenforderungen

Hauptbuch

	Forderungen L+L	Dubiose Forderungen L+L	WB Forderungen L+L	Veränderung WB Forderungen	Verluste Forderungen
Anfangsbestände	300	4		34	
Fakturierung	4 002				
Kundenzahlungen	3 900				
Kostenvorschuss	1				
Umbuchung Forderung M	20	20			
Forderungsverlust			4		4
Zahlungseingang[1]					2
Forderungsverlust	3				3
WB Forderungen L+L[2]				24	24	
Salden	**380**	**20**	**58**		**24**	**5**

[1] Dieser Zahlungseingang könnte als ausserordentlicher Ertrag verbucht werden, sofern der Betrag wesentlich wäre.

[2] Die Anpassung der Wertberichtigung Forderungen L+L setzt sich wie folgt zusammen:

	Anfang Jahr Bestand	WB	Ende Jahr Bestand	WB	Veränderung WB
Forderungen L+L	300	30	380	38	8
Dubiose Forderungen L+L	4	4	20	20	16
Total	304	34	400	58	24

2.21 Offenposten-Buchhaltung

a)

	Soll-Konto		Haben-Konto		Betrag
Zahlungen an Lieferanten	4200	Handelswarenaufwand	1020	Bankguthaben	150
Zahlungen von Kunden	1020	Bankguthaben	3200	Handelserlöse	197
Anpassung Forderungen	1100	Forderungen L+L	3200	Handelserlöse	20
Anpassung Vorrat	1200	Handelswarenvorrat	4200	Handelswarenaufwand	8
Anpassung Verbindlichkeiten	4200	Handelswarenaufwand	2000	Verbindlichkeiten L+L	10
Bildung WB Forderungen	3804	Veränderung WB Forderungen	1109	WB Forderungen L+L	2

b) Vorteile sind:

- Auf das Führen von Hilfsbüchern wird verzichtet, wodurch die Anforderungen an eine Buchhaltungs-Software minimal sind.
- Der Buchungsaufwand ist gering, da grundsätzlich erst bei Geldflüssen gebucht wird.

c) Nachteile sind:

- Die unbezahlten Lieferanten- und Kundenrechnungen befinden sich in Ordnern, weshalb die Überwachung der Fälligkeiten manuell erfolgen muss.
- Durch die Nettoverbuchung von Kundenzahlungen gehen wichtige Informationen verloren wie: gewährte Rabatte, Skontoabzüge oder Forderungsverluste
- Für eine kurzfristige Aussage über den Geschäftsverlauf müssen die offenen Rechnungen addiert werden.

2.22 Vergleich der Buchungsmethoden

a)

	Soll-Konto		Haben-Konto		Betrag
Lieferantenrechnungen	1200	Handelswarenvorrat	2000	Verbindlichkeiten L+L	340
Lieferantenzahlungen	2000	Verbindlichkeiten L+L	1020	Bankguthaben	330
Kundenrechnungen	1100	Forderungen L+L	3200	Handelserlöse	520
Rabatte	3800	Skonti und Rabatte	1100	Forderungen L+L	40
Warenaufwand	4200	Handelswarenaufwand	1200	Handelswarenvorrat	320
Kundenzahlungen netto	1020	Bankguthaben	1100	Forderungen L+L	450
Skonti	3800	Skonti und Rabatte	1100	Forderungen L+L	20
Kundenretoure zu VP	1100	Forderungen L+L	3200	Handelserlöse	−6
Kundenretoure zu EW	4200	Handelswarenaufwand	1200	Handelswarenvorrat	−4
Werbegeschenke	6600	Werbeaufwand	1200	Handelswarenvorrat	8
Forderungsverlust	3805	Verluste Forderungen	1105	Dubiose Forderungen L+L	3
Mengenrabatt	2000	Verbindlichkeiten L+L	4900	Skonti und Rabatte	7
Inventarmanko	4880	Material- und Handelswarenverluste	1200	Handelswarenvorrat	2

b)

	Soll-Konto		Haben-Konto		Betrag
Lieferantenrechnungen	4200	Handelswarenaufwand	2000	Verbindlichkeiten L+L	340
Lieferantenzahlungen	2000	Verbindlichkeiten L+L	1020	Bankguthaben	330
Kundenrechnungen	1100	Forderungen L+L	3200	Handelserlöse	520
Rabatte	3800	Skonti und Rabatte	1100	Forderungen L+L	40
Kundenzahlungen netto	1020	Bankguthaben	1100	Forderungen L+L	450
Skonti	3800	Skonti und Rabatte	1100	Forderungen L+L	20
Kundenretoure zu VP	1100	Forderungen L+L	3200	Handelserlöse	−6
Forderungsverlust	3805	Verluste Forderungen	1105	Dubiose Forderungen L+L	3
Mengenrabatt	2000	Verbindlichkeiten L+L	4900	Skonti und Rabatte	7
Anpassung Vorrat	1200	Handelswarenvorrat	4200	Handelswarenaufwand	14

c) Folgende Informationen gehen verloren:

- Bezug von Werbegeschenken von 8[1]
- die Inventardifferenz von 2

d)

	Soll-Konto		Haben-Konto		Betrag
Lieferantenzahlungen	4200	Handelswarenaufwand	1020	Bankguthaben	330
Kundenzahlungen netto	1020	Bankguthaben	3200	Handelserlöse	450
Kundenretoure zu VP		Keine Buchung[2]			
Forderungsverlust		Keine Buchung[3]			
Anpassung Forderungen	1100	Forderungen L+L	3200	Handelserlöse	1
Anpassung Vorrat	1200	Handelswarenvorrat	4200	Handelswarenaufwand	14
Anpassung Verbindlichkeiten	4200	Handelswarenaufwand	2000	Verbindlichkeiten L+L	3

e) Folgende Informationen gehen verloren:

- die gewährten Rabatte von 40
- die beanspruchten Skonti von 20
- der erhaltene Mengenrabatt von 7
- die Rücklieferung des Kunden von 6
- der Forderungsverlust von 3

---

[1] Um den Warenaufwand und den Werbeaufwand korrekt darzustellen, könnte dieser Geschäftsfall trotz ruhender Vorratsführung wie folgt erfasst werden:

Soll-Konto		Haben-Konto		Betrag
6600	Werbeaufwand	4200	Handelswarenaufwand	8

[2] Die ursprüngliche Rechnung wird mit der Gutschrift zusammengeheftet und abgelegt.

[3] Die Rechnung wird dem Ordner *offene Rechnungen* entnommen und mit dem Vermerk *Verlustschein* abgelegt. Zur Verbesserung der Aussagekraft könnte dieser Fall auch in einer OP-Buchhaltung gebucht werden. Die Buchung lautet:

Soll-Konto		Haben-Konto		Betrag
3805	Verluste Forderungen	3200	Handelserlöse	3

Anlagevermögen

3.01 Kauf von mobilen Sachanlagen

a)

	Soll-Konto		Haben-Konto		Betrag
Erhalt Anzahlungsrechnung	1590	Geleistete Anzahlungen mobile SA	2000	Verbindlichkeiten L+L	180
Zahlung	2000	Verbindlichkeiten L+L	1020	Bankguthaben	180

b) Gemäss OR 960a Abs. 1 zu den Anschaffungskosten von 540. Sämtliche Kosten bis zur funktionstüchtigen Verbringung an den Bestimmungsort dürfen aktiviert werden, sofern sie dem Objekt direkt zugerechnet werden können.

c)

	Soll-Konto		Haben-Konto		Betrag
Erhalt Lieferantenrechnung	1500	Maschinen	2000	Verbindlichkeiten L+L	540
Verrechnung Anzahlung	2000	Verbindlichkeiten L+L	1590	Geleistete Anzahlungen mobile SA	180
Restzahlung	2000	Verbindlichkeiten L+L	1020	Bankguthaben	360

d) Obwohl das OR keine Mindestwerte für die Ersterfassung vorgibt, würde dies den Grundsätzen ordnungsmässiger Buchführung widersprechen.

3.02 Kauf von Werkzeugen

a)

	Soll-Konto		Haben-Konto		Betrag
Kauf Bohrmaschine	6100	Aufwand URE	1000	Kasse	300

b) Ja, der Kauf erfüllt alle Kriterien für eine Aktivierung gemäss OR 959 Abs. 2.

Das Unternehmen kann grundsätzlich selber entscheiden, ab welchem Wert ein Objekt aktiviert werden muss. Je nach Unternehmensgrösse liegt dieser Wert meist zwischen CHF 500 und CHF 10 000.

3.03 Aktivierbare Eigenleistung

a) Gemäss OR 960a Abs. 1 zu den Herstellkosten von 240.

b)

	Soll-Konto	Haben-Konto	Betrag
Eigenleistung	1500 Maschinen	3700 Eigenleistungen	240

3.04 Rückstellungen beim Kauf einer mobilen Sachanlage

	Soll-Konto	Haben-Konto	Betrag
Lieferantenrechnung	1500 Maschinen	2000 Verbindlichkeiten L+L	80
Rückstellung	1500 Maschinen	2600 Langfristige Rückstellungen	20

3.05 Vergleich von Abschreibungsmethoden

a)

Jahr	Lineare Abschreibung		Degressive Abschreibung		Leistungsabschreibung		
	Abschreibung 20 % vom AW	Buchwert Ende Jahr	Abschreibung 40 % vom BW	Buchwert Ende Jahr	Tatsächliche Leistung	Abschreibung	Buchwert Ende Jahr
20_1	80	320	160	240	2 500 h	100	300
20_2	80	240	96	144	2 500 h	100	200
20_3	80	160	58	86	2 000 h	80	120
20_4	80	80	34	52	2 000 h	80	40
20_5	80	0	52	0	1 500 h	40	0

b) Es sind alle drei Methoden erlaubt. OR 960a Abs. 3 gibt lediglich vor, dass der nutzungs- und altersbedingte Wertverlust durch Abschreibungen und Wertberichtigungen berücksichtigt werden muss; die Methode wird nicht vorgegeben.

c) Es sind alle drei Methoden erlaubt. Im Merkblatt der ESTV (siehe Anhang 2) werden die Normal-Abschreibungssätze nach der degressiven Abschreibungsmethode vorgegeben. Bei linearer Abschreibung sind die Abschreibungssätze um die Hälfte zu reduzieren; andere Methoden werden akzeptiert, sofern sie betriebswirtschaftlich sinnvoll sind.

d) Falls es aus betriebswirtschaftlicher Sicht notwendig ist, ein Aktivum schneller abzuschreiben (zum Beispiel durch intensive Nutzung im Mehrschichtbetrieb oder durch technischen Fortschritt), akzeptieren die Steuerbehörden auch eine höhere Abschreibung.

e) Die wichtigsten Vorteile sind:
- Die Abschreibungen verteilen sich gleichmässig auf die gesamte Nutzungsdauer.
- Am Ende der geschätzten Nutzungsdauer ist die Maschine vollständig abgeschrieben.
- Sie ist einfach zu berechnen.

f) Aus betriebswirtschaftlicher Sicht wäre eine zeitanteilige (pro rata temporis) Abschreibung von 20 korrekt; die Steuergesetzgebung erlaubt eine ganze Jahresabschreibung.

g) Da die Holzbearbeitungsmaschine keinen Liquidationswert aufweist, muss der verbleibende Buchwert am Ende der Nutzungsdauer 0 betragen.

h) Es gibt drei Hauptgründe, die indes aus betriebswirtschaftlicher Sicht fragwürdig sind:
- Das Merkblatt der Steuerverwaltung gibt die Ansätze der erlaubten Abschreibungen in erster Linie nach der degressiven Methode vor. Der Grund liegt darin, dass früher keine Software für die Verwaltung von Sachanlagen zur Verfügung stand.
- Es wird die Ansicht vertreten, dass ein Anlagegut in den ersten Jahren am meisten an Wert verliert. Dies stimmt nur in den Bezug auf den Verkehrswert, jedoch nicht auf den Nutzwert. Da Sachanlagen zur Nutzung und nicht zum Verkauf dienen, ist der Fortführungswert, d.h., der Nutzwert massgebend.
- Es wird die Ansicht vertreten, dass Steuern gespart werden können, da gegenüber der linearen Abschreibung zu Beginn mehr Aufwand gebucht und dadurch der steuerbare Gewinn kleiner wird. Dies stimmt nur zu Beginn; in späteren Jahren (im Beispiel bereits im Jahr 20_3) ist der Abschreibungsaufwand tiefer und dadurch der steuerbare Gewinn höher als bei der linearen Abschreibung.

i) Die berechnete Leistungsabschreibung im Jahr 20_5 beträgt 60. Da ein Aktivum keinen negativen Wert ausweisen darf, konnten im Jahr 20_5 nur 40 abgeschrieben werden.

j) Sofern sich der Wertverzehr hauptsächlich auf die Nutzung einer Sache beschränkt. Ein typisches Beispiel ist eine Tunnelbohrmaschine. Je intensiver die Maschine genutzt wird, umso höher ist der Wertverzehr.

k) Die wichtigsten Gründe sind:

- In den meisten Fällen, wie beispielsweise bei Produktionsmaschinen, führt nebst der Nutzung auch die Zeit (z. B. technischer Fortschritt) zu einem Wertverzehr.
- Es wäre ein Zufall, wenn die zu Beginn geschätzte Leistung mit der tatsächlichen Leistung übereinstimmen würde, weshalb die Abschreibungen gegen Ende der Nutzungsdauer korrigiert werden müssen.
- Die Leistungsmessung ist anspruchsvoll.

l)

	Soll-Konto		Haben-Konto		Betrag
Indirekte Abschreibung	6800	Abschreibungsaufwand	1509	WB Maschinen	160

m)

	Soll-Konto		Haben-Konto		Betrag
Direkte Abschreibung	6800	Abschreibungsaufwand	1500	Maschinen	160

n) Sofern keine Anlagenbuchhaltung (Hilfsbuch) geführt wird, geht der ursprüngliche Anschaffungswert als Information verloren, sodass nur die betriebswirtschaftlich wenig sinnvolle degressive Abschreibung möglich ist.

3.06 Abschreibungen unter Berücksichtigung eines Restwerts

a)

Jahr	Lineare Abschreibung		Leistungsabschreibung		
	Abschreibung	Buchwert Ende Jahr	Tatsächliche Leistung	Abschreibung	Buchwert Ende Jahr
20_1	25	95	24 000 km	24	96
20_2	25	70	28 000 km	28	68

b) Ohne Berücksichtigung der Restwerte wäre die Abschreibung viel zu hoch. Zu hohe Abschreibungen verfälschen die Kalkulation der Vermietungspreise. Zudem würden die Steuerbehörden die überhöhten Abschreibungen in der Regel nicht akzeptieren.

c)

Jahr	Degressive Abschreibung	
	Abschreibung 40 % vom BW	Buchwert Ende Jahr
20_1	48	72
20_2	29	43

d) Die degressive Abschreibung ist wenig sinnvoll. Die Abschreibungen werden in Prozent der Buchwerte berechnet, sodass ein Restwert in der Berechnung unberücksichtigt bleibt.

3.07 Verkauf eines gebrauchten Wohnmobils anfangs Jahr

	Soll-Konto		Haben-Konto		Betrag
Verkaufserlös	1000	Kasse	1530	Fahrzeuge	74
Auflösung WB	1539	WB Fahrzeuge	1530	Fahrzeuge	50
Veräusserungsgewinn	1530	Fahrzeuge	3685	Gewinn aus Veräusserung SA	4

3.08 Verkauf einer gebrauchten Maschine unter dem Jahr

a) 50

b) 150 (AW 250 ./. zwei Jahresabschreibungen von je 50)

c)

	Soll-Konto		Haben-Konto		Betrag
Halbjahresabschreibung	6800	Abschreibungsaufwand	1509	WB Maschinen	25
Verkaufserlös	1020	Bankguthaben	1500	Maschinen	120
Auflösung WB	1509	WB Maschinen	1500	Maschinen	125
Veräusserungsverlust	8504	A.o. Verlust aus Veräusserung SA	1500	Maschinen	5

d) Grundsätzlich widerspricht dieses Vorgehen der Stetigkeit bei der Berechnung der Abschreibungen.

In den meisten Fällen handelt es sich um unwesentliche Beträge, weshalb dieses Vorgehen zulässig ist und auch oft praktiziert wird.

3.09 Veränderung der Nutzungsdauer

a)

Abschreibungen und Buchwerte

Jahr	Abschreibung	Buchwert Ende Jahr
20_1	20	80
20_2	20	60
20_3	15	45
20_4	15	30
20_5	15	15
20_6	15	0

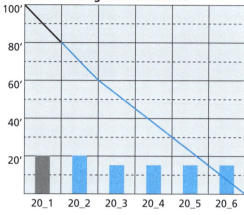

Abschreibung und Buchwerte

b)

Abschreibungen und Buchwerte

Jahr	Abschreibung	Buchwert Ende Jahr
20_1	20	80
20_2	20	60
20_3	30	30
20_4	30	0
20_5		
20_6		

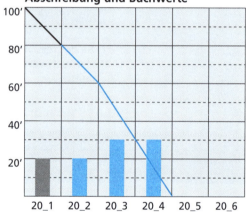

Abschreibung und Buchwerte

3.10   Wertbeeinträchtigung einer Maschine

a)

	Soll-Konto		Haben-Konto		Betrag
Abschreibung 20_1	6800	Abschreibungsaufwand	1509	WB Maschinen	20
Abschreibung 20_2	6800	Abschreibungsaufwand	1509	WB Maschinen	20
Wertbeeinträchtigung	6850	Wertberichtigungsaufwand	1509	WB Maschinen	40
Abschreibung 20_3	6800	Abschreibungsaufwand	1509	WB Maschinen	10
Abschreibung 20_4	6800	Abschreibungsaufwand	1509	WB Maschinen	10
Abschreibung 20_5		Keine Abschreibung[1]			
Abschreibung 20_6	6800	Abschreibungsaufwand	1509	WB Maschinen	20

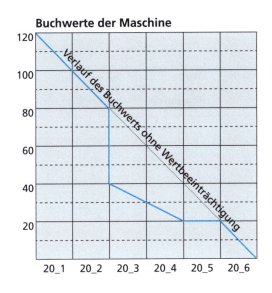

Buchwerte der Maschine

[1] Bei einem Wegfall der Wertbeeinträchtigung kann die Wertberichtigung bis zu dem Wert aufgelöst werden, den die Maschine bei planmässiger Abschreibung hätte.

Ende 20_4 beträgt der Buchwert 20, was dem Buchwert entspricht, den die Maschine Ende 20_5 bei planmässiger Abschreibung hätte. Deshalb ist im Jahr 20_5 keine Abschreibung notwendig.

3.11 Gesamtaufgabe mobile Sachanlagen

	Soll-Konto		Haben-Konto		Betrag
Kauf 20_1	1500	Maschinen	1020	Bankguthaben	640
Teilabschreibung 20_1	6800	Abschreibungsaufwand	1509	WB Maschinen	40
Jahresabschreibung 20_2	6800	Abschreibungsaufwand	1509	WB Maschinen	80
Wertbeeinträchtigung 20_2	6850	Wertberichtigungsaufwand	1509	WB Maschinen	65[1]
Jahresabschreibung 20_3	6800	Abschreibungsaufwand	1509	WB Maschinen	70[2]
Jahresabschreibung 20_4	6800	Abschreibungsaufwand	1509	WB Maschinen	70
Jahresabschreibung 20_5	6800	Abschreibungsaufwand	1509	WB Maschinen	90[3]
Teilabschreibung 20_6	6800	Abschreibungsaufwand	1509	WB Maschinen	45
Verkaufserlös	1020	Bankguthaben	1500	Maschinen	150
Auflösung WB	1509	WB Maschinen	1500	Maschinen	460
Veräusserungsverlust	8504	A.o. Verlust aus Veräusserung SA	1500	Maschinen	30

	Bank-guthaben	Maschinen	Wert-berichtigung Maschinen	Abschrei-bungs-aufwand	Wert-berichtigungs-aufwand	A.o. Verlust aus Veräusse-rung SA
Anfangsbestände	900	0	0			
Kauf 20_1	640	640				
Teilabschreibung 20_1			40	40		
Jahresabschreibung 20_2			80	80		
Wertbeeinträchtigung 20_3			65		65	
Jahresabschreibung 20_3			70	70		
Jahresabschreibung 20_4			70	70		
Jahresabschreibung 20_5			90	90		
Teilabschreibung 20_6			45	45		
Verkaufserlös	150	150				
Auflösung WB		460	460			
Veräusserungsverlust		30				30
Bilanzsalden	**410**	**0**	**0**			

[1] Der Buchwert beträgt vor Wertbeeinträchtigung 520 (AW 640 ./. Abschreibungen 120). Die Differenz zum erziel-baren Wert von 455 (520 ./. 455 = 65) muss wertberichtigt werden.

[2] Der Buchwert Anfang 20_3 von 455 (nach Verbuchung der Wertbeeinträchtigung) muss auf die verbleibenden 6 ½ Jahre verteilt werden.

[3] Anfang 20_5 beträgt der Buchwert 315. Nach Abzug des geschätzten Verkaufserlöses von 135 verbleiben 180, die auf die verbleibenden 2 Jahre verteilt werden müssen.

3.12 Kauf einer Liegenschaft

a)

	Soll-Konto		Haben-Konto		Betrag
Anzahlung	1690	Geleistete Anzahlung Liegenschaften	1020	Bankguthaben	300
Hypothek	1020	Bankguthaben	2401	Hypotheken	1 800
Verrechnung Anzahlung	9200	Abwicklung Liegenschaften	1690	Geleistete Anzahlung Liegenschaften	300
Restzahlung	9200	Abwicklung Liegenschaften	1020	Bankguthaben	2 100
Gebühren	9200	Abwicklung Liegenschaften	1020	Bankguthaben	10
Saldierung Abwicklung	1600	Liegenschaften	9200	Abwicklung Liegenschaften	2 410

	Bankguthaben	Liegenschaften	Gel. Anzahlung Liegenschaften	Hypotheken	Abwicklung Liegenschaften
Anfangsbestände	800	0	0	0	0
Anzahlung		300	300		
Hypothek	1 800			1 800	
Verrechnung Anzahlung			300		300
Restzahlung	2 100				2 100
Gebühren	10				10
Saldierung Abwicklung		2 410			2 410
Salden	190	2 410	0	1 800	0

b) Der Eigentümer hat mehr Entscheidungsfreiheit bei baulichen Veränderungen. Zudem besteht keine Kündigungsgefahr, und auf lange Sicht ist der Kauf in der Regel wirtschaftlicher

c) Beim Kauf steht das Objekt bereits, und die üblichen Baumängel sind in der Regel behoben. Zudem ist ein bestehendes Objekt meist kurzfristig verfügbar.

d)

	Soll-Konto		Haben-Konto		Betrag
Anzahlung	1020	Bankguthaben	2030	Erhaltene Anzahlungen	300
Restzahlung	1020	Bankguthaben	1600	Liegenschaften	2 100
Verrechnung Anzahlung	2030	Erhaltene Anzahlungen	1600	Liegenschaften	300
Hypothek	2401	Hypotheken	1020	Bankguthaben	1 500
Gebühren	1600	Liegenschaften	1020	Bankguthaben	10
Auflösung WB	1609	WB Liegenschaften	1600	Liegenschaften	160
Veräusserungsgewinn	1600	Liegenschaften	8514	A.o. Gewinn aus Veräusserung SA	550

	Bank-guthaben	Liegen-schaften		WB Liegen-schaften	Erhaltene Anzahlungen	Hypotheken	A.o. Gewinn aus Veräus-serung SA
Anfangsbestände	60	2 000			160	1 500	
Anzahlung	300				300		
Restzahlung	2 100	2 100					
Verrechnung Anzahlung		300			300		
Hypothek	1 500					1 500	
Gebühren	10	10					
Auflösung WB		160		160			
Veräusserungsgewinn		550					550
Salden	**950**	**0**	**0**		**0**	**0**	**550**

e) Ein einfacher Liegenschaftskauf kann ohne Hilfskonto abgewickelt werden. In komplexen Fällen, die oft mehrere Monate bis Jahre dauern, dient ein Hilfskonto der besseren Übersicht.

f) Bis zur definitiven Handänderung handelt es sich um eine Verbindlichkeit gegenüber der Käuferin. Falls eine Partei vom Vertrag zurücktritt, muss die Anzahlung zurückbezahlt werden.

3.13 Bau eines Bürogebäudes

a)

	Soll-Konto		Haben-Konto		Betrag
Expertise	6099	Übriger Raumaufwand	1020	Bankgutgaben	50
Kauf Bauland	1604	Baukonto	1020	Bankguthaben	1 200
Gebühren	1604	Baukonto	1020	Bankguthaben	8
Handwerker	1604	Baukonto	2404	Baukredit	2 400
Baukreditzins	1604	Baukonto	2404	Baukredit	25
Energiesparmassnahmen	1020	Bankguthaben	1604	Baukonto	60
Konsolidierung	2404	Baukredit	2401	Hypothek	2 425
Nicht aktivierbare Baukosten	6099	Übriger Raumaufwand	1604	Baukonto	30
Umbuchung Baukonto	1600	Liegenschaften	1604	Baukonto	3 543

	Bank-guthaben	Liegen-schaften	Baukonto	Baukredit	Hypotheken	Übriger Raumauf-wand
Anfangsbestände	1 500	0	0	0	0	
Expertise		50				50
Kauf Bauland		1 200	1 200			
Gebühren		8	8			
Handwerker			2 400	2 400		
Baukreditzins			25	25		
Energiesparmassnahmen	60		60			
Konsolidierung				2 425	2 425	
Nicht aktivierbare Baukosten			30			30
Umbuchung Baukonto		3 543	3 543			
Salden	**302**	**3 543**	**0**	**0**	**2 425**	**80**

b) Ab dem Entscheid zum Bau der Liegenschaft.

c) Nicht aktiviert werden dürfen Ausgaben, die vor dem Entscheid für den Bau anfallen, zum Beispiel Ausgaben für die Standortsuche oder für die Abklärung des Raumbedarfs.

d) Ausgaben nach dem Kaufentscheid werden aktiviert, zum Beispiel Ausgaben für eine Bodenuntersuchung oder für die Vertragserstellung.

e) Zinsen, die während des Baus bis zur Fertigstellung anfallen und dem Bauprojekt eindeutig zugeordnet werden können, werden als Teil der Anschaffungskosten aktiviert.

3.14 Geschäftlich genutzte Liegenschaft

a)

	Soll-Konto		Haben-Konto		Betrag
Reinigung und Unterhalt	7519	Übriger Liegenschaftsaufwand	1020	Bankguthaben	40
Fensterersatz	7519	Übriger Liegenschaftsaufwand	1020	Bankguthaben	90
Übriger Unterhalt	7519	Übriger Liegenschaftsaufwand	1020	Bankguthaben	70
Hypothekarzins	7510	Hypothekarzinsaufwand	1020	Bankguthaben	100
Jahresabschreibung	7518	Abschreibungsaufwand	1609	WB Liegenschaften	30
Eigenmietwert	6010	Eigenmietwert	7500	Mietzinsertrag	260

b) Verlust 70 (Liegenschaftsertrag 260 ./. Liegenschaftsaufwand 330)

c) Im Zusammenhang mit Liegenschaften gibt es unregelmässig grössere Aufwände, wie im Beispiel der Ersatz der Fenster. Durch das separate Führen der Liegenschaft als Nebenbetrieb wird das Betriebsergebnis durch solche Unregelmässigkeiten nicht verfälscht.

d) Ein gleichwertiger Ersatz darf nicht aktiviert werden. Falls es sich um einen wertvermehrenden Ersatz handelt (beispielsweise bessere Isolation oder Verschönerung der Fassade) sollte der wertvermehrende Teil aktiviert werden.

e) Es besteht meist ein aktiver Markt für die Miete von Geschäftsliegenschaften. Zur Berechnung werden ähnliche Objekte (Standort und Ausbau) als Vergleichswerte herangezogen.

3.15 Immobilienrenditen

a)

$$\frac{\text{Bruttoertrag (Mietzinsertrag)}}{\text{Gesamtkapital}} \quad \frac{400}{10\,000} \quad 4{,}0\,\%$$

b)

$$\frac{\text{Nettoertrag}}{\text{Gesamtkapital}} \quad \frac{220}{10\,000} \quad 2{,}2\,\%$$

c)

$$\frac{\text{Gewinn}}{\text{Eigenkapital}} \quad \frac{120}{4\,000} \quad 3{,}0\,\%$$

d) Die Renditen des Gesamtkapitals bleiben unverändert, da die Finanzierung bei beiden Renditen unberücksichtigt bleibt.

$$\frac{\text{Gewinn}}{\text{Eigenkapital}} \quad \frac{75[1]}{4\,000} \quad 1{,}9\,\%$$

e)

$$\frac{\text{Bruttoertrag (Mietzinsertrag)}}{\text{Kapitalisierungszinsfuss}} \quad \frac{400}{8\,\%} \quad 5\,000$$

[1] Der Gewinn vor Steuern ist neu 100 (160 – 60). Davon werden 25 % Steuern abgezogen.

3.16 Gesamtaufgabe Immobilien

Abwicklungskonto beim Kauf 20_1		Abwicklungskonto beim Verkauf 20_5		Liegenschaften 20_5	
150			3 420	3 010	
2 850			180		3 589
10		11			360
	3 010	3 589		939	

Kauf einer Liegenschaft im Jahr 20_1

	Soll-Konto		Haben-Konto		Betrag
Anzahlung	1690	Geleistete Anzahlung Liegenschaften	1020	Bankguthaben	150
Hypothek	1020	Bankguthaben	2401	Hypotheken	2 000
Verrechnung Anzahlung	9200	Abwicklung Liegenschaften	1690	Geleistete Anzahlung Liegenschaften	150
Restzahlung	9200	Abwicklung Liegenschaften	1020	Bankguthaben	2 850
Gebühren	9200	Abwicklung Liegenschaften	1020	Bankguthaben	10
Saldierung Abwicklung	1600	Liegenschaften	9200	Abwicklung Liegenschaften	3 010

Liegenschaftsbuchhaltung im Jahr 20_3

	Soll-Konto		Haben-Konto		Betrag
Reparatur und Unterhalt	7519	Übriger Liegenschaftsaufwand	1020	Bankguthaben	20
Gebäudereinigung	7519	Übriger Liegenschaftsaufwand	1020	Bankguthaben	40
Hypothekarzins	7510	Hypothekarzinsaufwand	1020	Bankguthaben	30
Jahresabschreibung	7518	Abschreibungsaufwand	1609	WB Liegenschaften	90
Teilamortisation	2401	Hypotheken	1020	Bankguthaben	300
Eigenmietwert Handel AG	6010	Eigenmietwert	7500	Mietzinsertrag	95
Mietzins Drittmieter	1020	Bankguthaben	7500	Mietzinsertrag	60
Mietzins Aktionär	1160	Forderung gegenüber Eigentümern	7500	Mietzinsertrag	25

Verkauf der Liegenschaft im Jahr 20_5

	Soll-Konto		Haben-Konto		Betrag
Anzahlung	1020	Bankguthaben	2030	Erhaltene Anzahlungen	180
Restzahlung	1020	Bankguthaben	9200	Abwicklung Liegenschaften	3 420
Verrechnung Anzahlung	2030	Erhaltene Anzahlungen	9200	Abwicklung Liegenschaften	180
Hypothek	2401	Hypotheken	1020	Bankguthaben	1 700
Gebühren	9200	Abwicklung Liegenschaften	1020	Bankguthaben	11
Saldierung Abwicklung	9200	Abwicklung Liegenschaften	1600	Liegenschaften	3 589
Auflösung WB	1609	WB Liegenschaften	1600	Liegenschaften	360
Veräusserungsgewinn	1600	Liegenschaften	8514	A.o. Gewinn aus Veräusserung SA	939

3.17 Immaterielle Werte

Kreuzen Sie die Aussagen als richtig an, oder begründen Sie, warum diese falsch sind.

	Aussage	Richtig	Begründung, warum falsch
1	Immaterielle Werte sind Vermögenswerte, deren Werte nicht verlässlich geschätzt werden können.		Es handelt sich um nicht-monetäre Werte ohne physische Substanz. Immaterielle Werte dürfen nur aktiviert werden, falls deren Wert verlässlich geschätzt werden kann.
2	Ein selbst geschaffener immaterieller Wert, beispielsweise ein Patent, wird bei der Ersterfassung zum Nutzwert aktiviert.		Wie andere Aktiven darf ein immaterieller Wert höchstens zu den Herstellkosten aktiviert werden.
3	Ein selbst erarbeiteter Goodwill darf nicht aktiviert werden, weil dem Mehrwert keine konkreten Kosten zugerechnet werden können und der Wert nicht objektiv ermittelt werden kann.	X	
4	Kosten für die Grundlagenforschung sind grundsätzlich aktivierbar.		Grundlagenforschung ist nicht aktivierbar, weil kein konkretes Produkt vorliegt, dem die Kosten zugeordnet werden können, bzw. ein künftiger Mittelzufluss nicht verlässlich geschätzt werden kann.
5	Immaterielle Werte werden nach den gleichen Grundsätzen abgeschrieben wie Sachanlagen.	X	

3.18 Verbuchung eines Patents

	Soll-Konto		Haben-Konto		Betrag
Aktivierung	1700	Immaterielle Werte	3700	Eigenleistungen	60
Jahresabschreibung 20_1	6800	Abschreibungsaufwand	1709	WB Immaterielle Werte	12
Jahresabschreibung 20_2	6800	Abschreibungsaufwand	1709	WB Immaterielle Werte	12
Wertbeeinträchtigung 20_2	6850	Wertberichtigungsaufwand	1709	WB Immaterielle Werte	15
Jahresabschreibung 20_3	6800	Abschreibungsaufwand	1709	WB Immaterielle Werte	7
Verkauf	1020	Bankguthaben	1700	Immaterielle Werte	25
	1709	WB Immaterielle Werte	1700	Immaterielle Werte	46
	1700	Immaterielle Werte	8510	Ausserordentlicher Ertrag	11

3.19 Finanzanlagen und Beteiligungen

a)

	Soll-Konto		Haben-Konto		Betrag
Darlehensgewährung	1440	Aktivdarlehen	1020	Bankguthaben	200
Kauf Bergbahn-Aktien	1400	Wertschriften des Anlagevermögens	1020	Bankguthaben	50
Kauf Konkurrenz-Aktien	1480	Beteiligungen	1020	Bankguthaben	400
Wertbeeinträchtigung	6944	Wertberichtigungsaufwand	1449	WB Aktivdarlehen	100
Kauf Bergbahn-Aktien	1400	Wertschriften des Anlagevermögens	1020	Bankguthaben	70

b) Zu 120 (50 + 70). Da die Aktien nicht an der Börse gehandelt werden, dürfen sie wie andere Aktiven höchstens zu Anschaffungswerten bewertet werden.

c) Zum tieferen Wert von 60 (4 Aktien zu 15), OR 960a Abs. 3.

d) Zu 500. Da die Aktien an der Börse gehandelt werden, dürfen sie zum Börsenkurs bewertet werden.

3.20 Anlagenspiegel

a) Die Pflicht für die Erstellung eines Anlagenspiegels besteht nur für Unternehmungen, die den Abschluss nach einem anerkannten Standard zur Rechnungslegung erstellen.

b) Anschaffungswert 10 ./. Wertberichtigungen 8 = Buchwert 2.

Veräusserungsgewinn von 1 (Verkaufspreis 3 ./. Buchwert 2).

c) Ein aufgrund von Anzeichen durchgeführter Werthaltigkeitstest ergab, dass der erzielbare Wert tiefer als der Buchwert war (Wertbeeinträchtigung).

Mögliche Gründe sind: Veränderungen auf den Absatzmärkten, technologische Verbesserungen oder neue gesetzliche Bestimmungen.

d) Über 5 Jahre. Die Jahresabschreibung von 15 entspricht 20 % des Anschaffungswertes.

e) 3 Jahre. Die kumulierten Abschreibungen entsprechen 60 % des Anschaffungswertes, d.h., es wurden dreimal 20 % abgeschrieben.

f) Das Bauprojekt wurde abgeschlossen.

g) Da Land grundsätzlich nicht verbraucht wird, muss es nicht planmässig abgeschrieben werden.

h) Die Dauer des Patentschutzes dient als Grundlage für die planmässige Abschreibung.

Personalaufwand

4.01 Grundprinzip der Lohnverbuchung

a)

	Soll-Konto	Haben-Konto	Betrag
Monatslohn brutto	5000 Lohnaufwand	1091 Lohndurchlaufkonto	70
Arbeitnehmer-Beiträge	1091 Lohndurchlaufkonto	2270 KK Sozialversicherungen	7
Arbeitgeber-Beiträge	5700 Sozialversicherungsaufwand	2270 KK Sozialversicherungen	8
Lohnzahlung	1091 Lohndurchlaufkonto	1020 Bankguthaben	63

	Bankguthaben	Lohndurchlauf-konto		KK Sozial-versicherungen	Lohnaufwand		Sozialversiche-rungsaufwand
Anfangsbestände	100	0			0		
Monatslohn brutto			70		70		
Arbeitnehmer-Beiträge		7			7		
Arbeitgeber-Beiträge					8		8
Lohnzahlung		63	63				
Salden	**37**		**0**	**15**		**70**	**8**

b) Nach der Verbuchung der Bankzahlung muss das Konto ausgeglichen sein. Ein Saldo deutet auf Buchungsfehler hin.

c)

	Soll-Konto	Haben-Konto	Betrag
Monatslohn netto	5000 Lohnaufwand	1020 Bankguthaben	63
Arbeitnehmer-Beiträge	5000 Lohnaufwand	2270 KK Sozialversicherungen	7
Arbeitgeber-Beiträge	5700 Sozialversicherungsaufwand	2270 KK Sozialversicherungen	8

4.02 Lohnverbuchung der Beratung GmbH

a)

	Soll-Konto		Haben-Konto		Betrag
Vorauszahlung Q1	2270	KK Sozialversicherungen	1020	Bankguthaben	30
Monatslöhne Q1	5000	Lohnaufwand	1091	Lohndurchlaufkonto	150
Arbeitnehmer-Beiträge Q1	1091	Lohndurchlaufkonto	2270	KK Sozialversicherungen	15
Arbeitgeber-Beiträge Q1	5700	Sozialversicherungsaufwand	2270	KK Sozialversicherungen	18
Lohnzahlungen	1091	Lohndurchlaufkonto	1020	Bankguthaben	135

	Bankguthaben		Lohndurchlauf-konto		KK Sozial-versicherungen		Lohnaufwand		Sozialversiche-rungsaufwand	
Anfangsbestände	250			0				0		
Vorauszahlung Q1		30			30					
Monatslöhne Q1				150			150			
Arbeitnehmer-Beiträge Q1			15			15				
Arbeitgeber-Beiträge Q1						18			18	
Lohnzahlungen		135	135							
Salden		85		0		3		150		18

b) Die Vorauszahlungen basieren auf einer geschätzten Lohnsumme und den daraus resultierenden Arbeitnehmer- und Arbeitgeber-Beiträgen.

Der Saldo entspricht der Differenz zwischen den bereits vorausbezahlten und den tatsächlich geschuldeten Beiträgen. Im Beispiel stellt der Saldo von 3 eine Verbindlichkeit gegenüber den Sozialversicherungsanstalten dar.

c) Weil die Arbeitnehmer-Beiträge bereits im Lohnaufwand enthalten sind.

d) Die Einforderung der Arbeitnehmer-Beiträge von den Arbeitnehmern wäre aufgrund der grossen Anzahl Abrechnungspflichtiger zu aufwändig. Zudem bestünde die Gefahr, dass nicht alle Arbeitnehmenden ihrer Zahlungspflicht nachkommen würden.

4.03 Lohnvorschuss

a)

	Soll-Konto	Haben-Konto	Betrag
Auszahlung Lohnvorschuss	1195 Lohnvorschüsse	1020 Bankguthaben	20
Monatslohn	5000 Lohnaufwand	1091 Lohndurchlaufkonto	50
Arbeitnehmer-Beiträge	1091 Lohndurchlaufkonto	2270 KK Sozialversicherungen	5
Arbeitgeber-Beiträge	5700 Sozialversicherungsaufwand	2270 KK Sozialversicherungen	6
Verrechnung Lohnvorschuss	1091 Lohndurchlaufkonto	1195 Lohnvorschüsse	10
Bankbelastung	1091 Lohndurchlaufkonto	1020 Bankguthaben	35

	Bank-guthaben		Lohndurch-laufkonto		Lohnvor-schüsse		KK Sozialver-sicherungen		Lohnaufwand	Sozialver-sicherungs-aufwand
Anfangsbestände	300		0		0		0			
Auszahlung Lohnvorschuss			20		20					
Monatslohn				50					50	
Arbeitnehmer-Beiträge			5					5		
Arbeitgeber-Beiträge								6		6
Verrechnung Lohnvorschuss			10			10				
Bankbelastung		35	35							
Salden	**245**		**0**		**10**		**11**		**50**	**6**

b) Bei einer Notlage des Mitarbeiters ist der Arbeitgeber verpflichtet, einen Lohnvorschuss im Ausmass der bereits geleisteten Arbeit zu gewähren.

c) Die Buchung über das Lohndurchlaufkonto wäre möglich, falls der Lohnvorschuss im selben Monat zurückbezahlt würde. In der Praxis erfolgt die Rückzahlung meist über mehrere Monate, sodass der Lohnvorschuss einer Forderung des Arbeitgebers gegenüber dem Arbeitnehmer entspricht.

4.04 Beiträge an Sozialversicherungen

Leistung	Ja	Nein
Bruttolohn	X	
Schichtzulagen	X	
Private Warenbezüge		X
Kinderzulagen		X
Privatanteile am Geschäftswagen	X	
Geschenk an einen Mitarbeiter bis zum Wert von CHF 500		X[1]
Umzugsentschädigungen	X	
Pauschalspesen (das Spesenreglement ist durch die Steuerbehörden genehmigt)		X
Gratis-Abgabe eines Halbtax-Abonnements der SBB		X[1]
Gratis-Parkplatz am Arbeitsort		X[1]
Zurverfügungstellung von Kost und Logis	X	

4.05 Buchungen im Verkehr mit Sozialversicherungen

a)

	Soll-Konto		Haben-Konto		Betrag
Vorauszahlung	2270	KK Sozialversicherungen	1020	Bankguthaben	230
Arbeitnehmer-Beiträge	1091	Lohndurchlaufkonto	2270	KK Sozialversicherungen	100
Arbeitgeber-Beiträge	5700	Sozialversicherungsaufwand	2270	KK Sozialversicherungen	140
Gutschrift SUVA-Taggelder	1020	Bankguthaben	5005	Leistungen Sozialversicherungen	50

b) Die Sollbuchung von 230 (Vorauszahlung der Sozialversicherungsbeiträge) basiert auf einer im Voraus gemeldeten provisorischen Lohnsumme.

Die Habenbuchungen von 240 (100 + 140) entsprechen den geschuldeten Sozialversicherungsbeiträgen auf den tatsächlichen Löhnen.

Die Differenz von 10 muss mit den Sozialversicherungsanstalten abgerechnet werden.

[1] Nicht zu deklarierende Leistungen sind in der Wegleitung der ESTV zum Ausfüllen des Lohnausweises, Randziffer 72 aufgeführt.

4.06   Lohnverarbeitung L. Leicht

a)

Lohnabrechnung L. Leicht

Bezeichnung	Betrag
Monatslohn	4 000
Kinderzulagen	300
Bruttolohn	**4 300**
Arbeitnehmer-Abzüge	– 450
Nettolohn	**3 850**
Entschädigung Reisespesen	120
Auszahlungstotal	**3 970**

b)

	Soll-Konto		Haben-Konto		Betrag
Monatslohn	5000	Lohnaufwand	1091	Lohndurchlaufkonto	4 000
Kinderzulagen	2270	KK Sozialversicherungen	1091	Lohndurchlaufkonto	300
Arbeitnehmer-Beiträge	1091	Lohndurchlaufkonto	2270	KK Sozialversicherungen	450
Spesen	6640	Reise- und Repräsentationsaufwand	1091	Lohndurchlaufkonto	120

c) Vom Arbeitgeber werden die Beiträge an die Familienausgleichskasse (FAK) als Sozial-versicherungsaufwand gebucht.

Die Auszahlung an die Mitarbeiter ist für den Arbeitgeber erfolgsneutral, da die ausbe-zahlten Kinderzulagen durch die FAK zurückvergütet bzw. mit den abzuliefernden Bei-trägen verrechnet werden.

4.07   Lohnverarbeitung M. Mittel

a)

	Soll-Konto		Haben-Konto		Betrag
Monatslohn	5000	Lohnaufwand	1091	Lohndurchlaufkonto	8 000
Privatanteil Geschäftsauto	5000	Lohnaufwand	6270	Privatanteil Fahrzeugaufwand	180
Arbeitnehmer-Beiträge	1091	Lohndurchlaufkonto	2270	KK Sozialversicherungen	950
Spesen	6640	Reise- und Repräsentationsaufwand	1091	Lohndurchlaufkonto	220
Arbeitgeber-Beiträge	5700	Sozialversicherungsaufwand	2270	KK Sozialversicherungen	1 200
Bankbelastung	1091	Lohndurchlaufkonto	1020	Bankguthaben	7 270

b) AHV, IV, EO, FAK, ALV, BU und PK.

c) Bei dieser Lohnart fliesst kein Geld. Diese Lohnart wurde als Naturalleistung bezogen, weshalb sie vom auszubezahlenden Nettolohn in Abzug gebracht wird.

d) Unentgeltliche Verpflegung (Kost) und Unterkunft (Logis).

e) Die Vergütung der Spesen ist kein Lohnbestandteil, sondern die Entschädigung für geschäftliche Ausgaben, die der Arbeitnehmer aus der eigenen Tasche bezahlt hat.

4.08   Lohnverarbeitung S. Schwer

a)

Lohnabrechnung S. Schwer

Bezeichnung	Betrag
Monatslohn	10 000
Privatanteil Geschäftsauto	240
Umzugsentschädigung	600
Kinderzulagen	500
Bruttolohn	**11 340**
Arbeitnehmer-Abzüge	– 1 340
Nettolohn	**10 000**
Anteil Geschäftsauto	– 240
Privater Warenbezug	– 300
Reisespesen effektiv	140
Repräsentationsspesen pauschal	200
Auszahlungstotal	**9 800**
Lohnvorschuss	– 1 100
Restzahlung	**8 700**

b)

	Soll-Konto		Haben-Konto		Betrag
03.01. Vorauszahlung	2270	KK Sozialversicherungen	1020	Bankguthaben	9 000
10.01. Warenbezug	1091	Lohndurchlaufkonto	3200	Handelserlöse	300
11.01. Seminare	5800	Übriger Personalaufwand	1020	Bankguthaben	450
12.01. Lohnvorschuss	1195	Lohnvorschüsse	1020	Bankguthaben	3 300
26.01. Monatslohn	5000	Lohnaufwand	1091	Lohndurchlaufkonto	10 000
Geschäftsauto	5000	Lohnaufwand	6270	Privatanteil Fahrzeugaufwand	240
Umzugsentschädigung	5000	Lohnaufwand	1091	Lohndurchlaufkonto	600
Kinderzulagen	2270	KK Sozialversicherungen	1091	Lohndurchlaufkonto	500
Arbeitnehmer-Beiträge	1091	Lohndurchlaufkonto	2270	KK Sozialversicherungen	1 340
Spesen effektiv	6640	Reise- und Repräsentationsaufwand	1091	Lohndurchlaufkonto	140
Spesen pauschal	6640	Reise- und Repräsentationsaufwand	1091	Lohndurchlaufkonto	200
Lohnvorschuss	1091	Lohndurchlaufkonto	1195	Lohnvorschüsse	1 100
26.01. Arbeitgeber-Beiträge	5700	Sozialversicherungsaufwand	2270	KK Sozialversicherungen	1 560
28.01. Bankbelastung	1091	Lohndurchlaufkonto	1020	Bankguthaben	8 700

c)

	Lohndurchlauf-konto	
Anfangsbestand	0	
10.01. Warenbezug	300	
26.01. Monatslohn		10 000
Umzugsentschädigung		600
Kinderzulagen		500
Arbeitnehmer-Beiträge	1 340	
Spesen effektiv		140
Spesen pauschal		200
Lohnvorschuss	1 100	
28.01. Bankbelastung	8 700	
Saldo		0

4.09 Lohnausweis

1. Lohn (soweit nicht unter Ziffer 2–7 aufzuführen)/Rente			94 800
2. Gehaltsnebenleistungen	2.1 Verpflegung, Unterkunft	+	28 800
	2.2 Privatanteil Geschäftswagen	+	2 400
	2.3 Andere (Art)	+	
3. Unregelmässige Leistungen (Art)	Dienstaltersgeschenk	+	4 000
4. Kapitalleistungen (Art)		+	
5. Beteiligungsrechte gemäss Beiblatt		+	
6. Verwaltungsratsentschädigungen		+	1 000
7. Andere Leistungen (Art)	Krankenkassenprämien	+	3 600
8. Bruttolohn		=	134 600
9. Beiträge AHV/IV/EO/ALV/NBUV		–	9 400
10. Berufliche Vorsorge 2. Säule	10.1 Ordentliche Beiträge	–	7 200
	10.2 Beiträge für den Einkauf	–	
11. Nettolohn/Rente →		=	118 000
In die Steuererklärung übertragen			
12. Quellensteuerabzug			
13. Spesenvergütungen			
13.1 Effektive Spesen	13.1.1 Reise, Verpflegung, Übernachtung		2 100
	13.1.2 Übrige		
13.2 Pauschalspesen	13.2.1 Repräsentation		1 200
	13.2.2 Auto		
	13.2.3 Übrige (Art)		
13.3 Beiträge an die Weiterbildung			2 700
14. Weitere Gehaltsnebenleistungen (Art)			
15. Bemerkungen	Spesenreglement durch Kanton SG genehmigt.		

Die Gratisabgabe von Lunch-Checks ist gemäss Randziffer 18 der Wegleitung zum Lohnausweis bis zu einem Betrag von CHF 180 je Monat kein Lohnbestandteil.

Die Gratisabgabe des SBB-Halbtax-Abos muss gemäss Randziffer 72 der Wegleitung nicht deklariert werden.

Fremdwährungen, Wertschriften, Derivate

5.01 Fremdwährungskurse allgemein

		Noten		Devisen	
		Geld	Brief	Geld	Brief
1	T. Meier kauft am Flughafen Kloten EUR 300 in bar.		X		
2	S. Miller lässt sich einen USD-Check in CHF auszahlen.			X	
3	F. Huber überweist EUR 200 an seine Schwester in Berlin.				X
4	G. Roth wechselt nach den Ferien die restlichen USD in CHF.	X			
5	P. Müller bezieht am Geldautomaten in Zürich EUR 100.		X		
6	Sam überweist USD 100 auf das CHF-Bankkonto von L. Luck.			X	

5.02 Fremdwährungskurse in der Buchhaltung

		Buchkurs	Transaktionskurs	Bilanzkurs
1	Der Kurs wird durch das Unternehmen selbst festgelegt.	X		X
2	Zahlungseingang auf dem Bankkonto.		X	
3	Verbuchung einer Lieferantenrechnung in USD.	X		
4	Bewertung von monetären Aktiven beim Abschluss.			X
5	Der Kurs ändert mehrmals täglich.		X	
6	Skontoabzug bei der Bezahlung einer Rechnung.	X		
7	Es empfiehlt sich, dafür die Kurse der ESTV zu verwenden.	X		X
8	Bareinlage auf ein Fremdwährungskonto.		X	

5.03   Lieferantenrechnung in EUR

a)

	Konto		Währung	Betrag FW	Kurs	Betrag CHF	S/H
Rechnungseingang	1220	Materialvorrat		.		1 100	S
	2011	Verbindlichkeiten L+L in EUR	EUR	1 000	1.10	1 100	H
Bankbelastung	2011	Verbindlichkeiten L+L in EUR	EUR	1 000	1.12	1 120	S
	1020	Bankguthaben				1 120	H
Kursdifferenz bei Zahlung[1]	4906	Kursdifferenzen Einkauf				20	S
	2011	Verbindlichkeiten L+L in EUR				20	H

	Bankguthaben		Verbindlichkeiten L+L in EUR				Kursdifferenzen Einkauf	
			EUR		Kurs	CHF		
Rechnungseingang				1 000	1.10		1 100	
Bankbelastung		1 120	1 000		1.12	1 120		
Kursdifferenz bei Zahlung							20	20
Salden	**1 120**		**0**			**0**		**20**

b) Der Buchkurs wird bei provisorischen Buchungen von Fremdwährungsbeträgen angewandt. Beispiele sind: Erfassung von Rechnungen, Verbuchung von Skonti und Rabatten.

c) Der Transaktionskurs wird ausschliesslich bei der Verbuchung von Banktransaktionen in Fremdwährungen angewandt. Beispiele sind: Bankgutschriften für Kundenzahlungen, Bankbelastungen für Zahlungen an Lieferanten.

d)

	Konto		Währung	Betrag FW	Kurs	Betrag CHF	S/H
Skontoabzug	2011	Verbindlichkeiten L+L in EUR	EUR	20	1.10	22	S
	4900	Skonti und Rabatte				22	H

e) Skonti und Rabatte entsprechen einer Reduktion des Rechnungsbetrags und sind deshalb wie die Rechnung selbst zum Buchkurs zu erfassen.

---

[1] Die bezahlte Lieferantenrechnung von EUR 1000 wird im Konto Verbindlichkeiten L+L provisorisch zu 1.10 erfasst, was einem Gegenwert von CHF 1100 entspricht. Die Bankbelastung beläuft sich auf CHF 1120, wodurch ein Kursverlust von CHF 20 entsteht.

5.04 Verkehr mit Lieferanten in EUR

a)

	Konto		Währung	Betrag FW	Kurs	Betrag CHF	S/H
Rechnungseingang	1220	Materialvorrat				3 300	S
	2011	Verbindlichkeiten L+L in EUR	EUR	3 000	1.10	3 300	H
Zahlung	2011	Verbindlichkeiten L+L in EUR	EUR	1 000	1.11	1 110	S
	1020	Bankguthaben				1 110	H
Kursdifferenz bei Zahlung	4906	Kursdifferenzen Einkauf				10[1]	S
	2011	Verbindlichkeiten L+L in EUR				10	H
Bewertung Jahresende	2011	Verbindlichkeiten L+L in EUR				60[2]	S
	4906	Kursdifferenzen Einkauf				60	H

	Bankguthaben	Verbindlichkeiten L+L in EUR				Kursdifferenzen Einkauf	
		EUR		Kurs	CHF		
Rechnungseingang			3 000	1.10		3 300	
Zahlung	1 110	1 000		1.11	1 110		
Kursdifferenz bei Zahlung					10	10	
Bewertung Jahresende					60		60
Salden	**1 110**	**2 000**		**1.07**	**2 140**	**50**	

b) Bei der Zahlung der Lieferantenrechnung entstand ein definitiver, realisierter Kursverlust von 10.

c) Kursdifferenzen bei der Zahlung von Rechnungen sind endgültig und somit realisiert. Kursdifferenzen bei der Bewertung von Bilanzpositionen sind provisorisch und somit (noch) nicht realisiert. Aufgrund der künftigen Kursentwicklung kann sich die Kursdifferenz verändern.

---

[1] Aus der Differenz zwischen Buch- und Transaktionskurs von einem Rappen ergibt sich ein Kursverlust von CHF 10 (EUR 1000 • CHF 0.01/EUR = CHF 10).

[2] Aus der Differenz zwischen Buch- und Bilanzkurs von drei Rappen ergibt sich ein Kursgewinn von CHF 60 (EUR 2000 • CHF 0.03/EUR = CHF 60).

5.05 Verkehr mit Kunden in USD

a)

	Konto		Währung	Betrag FW	Kurs	Betrag CHF	S/H
Fakturierung	1102	Forderungen L+L in USD	USD	8 000	0.95	7 600	S
	3000	Produktionserlöse				7 600	H
Zahlung	1020	Bankguthaben				4 900	S
	1102	Forderungen L+L in USD	USD	5 000	0.98	4 900	H
Kursdifferenz bei Zahlung	1102	Forderungen L+L in USD				150[1]	S
	3806	Kursdifferenzen Verkauf				150	H
Bewertung Jahresende	3806	Kursdifferenzen Verkauf				30[2]	S
	1102	Forderungen L+L in USD				30	H

	Bankguthaben	Forderungen L+L in USD			Kursdifferenzen Verkauf	
		USD	Kurs	CHF		
Fakturierung		8 000	0.95	7 600		
Zahlung	4 900	5 000	0.98		4 900	
Kursdifferenz bei Zahlung				150		150
Bewertung Jahresende					30	30
Salden	**4 900**	**3 000**	**0.94**	**2 820**	**120**	

b) Die Kursdifferenz auf dem Zahlungseingang. Die Erlösbuchung wurde provisorisch zum Buchkurs von 0.95, der tatsächliche Zahlungseingang zum höheren Kurs von 0.98 umgerechnet.

c) Beim Zahlungseingang der USD 5000 entstand ein definitiver, realisierter Kursgewinn von 150.

d)

	Konto		Währung	Betrag FW	Kurs	Betrag CHF	S/H
Skontoabzug	3800	Skonti und Rabatte				95	S
	1102	Forderungen L+L in USD	USD	100	0.95	95	H

[1] Aus der Differenz zwischen Buch- und Transaktionskurs von drei Rappen ergibt sich ein Kursgewinn von CHF 150 (USD 5000 · CHF 0.03/USD = CHF 150).

[2] Aus der Differenz zwischen Buch- und Bilanzkurs von einem Rappen ergibt sich ein Kursverlust von CHF 30 (USD 3000 · CHF 0.01/USD = CHF 30).

5.06 Warenhandel in Fremdwährung

a)

	Konto		Währung	Betrag FW	Kurs	Betrag CHF	S/H
Rechnungseingang	4200	Handelswarenaufwand				3 800	S
	2012	Verbindlichkeiten L+L in USD	USD	4 000	0.95	3 800	H
Bankbelastung	2012	Verbindlichkeiten L+L in USD	USD	3 000	0.98	2 940	S
	1020	Bankguthaben				2 940	H
Kursdifferenz bei Zahlung	4906	Kursdifferenzen Einkauf				90[1]	S
	2012	Verbindlichkeiten L+L in USD				90	H
Rabatt	2012	Verbindlichkeiten L+L in USD	USD	200	0.95	190	S
	4900	Skonti und Rabatte				190	H
Fakturierung	1101	Forderungen L+L in EUR	EUR	6 000	1.10	6 600	S
	3200	Handelserlöse				6 600	H
Skontoabzug	3800	Skonti und Rabatte				110	S
	1101	Forderungen L+L in EUR	EUR	100	1.10	110	H
Bankgutschrift	1020	Bankguthaben				5 488	S
	1101	Forderungen L+L in EUR	EUR	4 900	1.12	5 488	H
Kursdifferenz bei Zahlung	1101	Forderungen L+L in EUR				98	S
	3806	Kursdifferenzen Verkauf				98[2]	H
Bewertung Forderungen	3806	Kursdifferenzen Verkauf				30[3]	S
	1101	Forderungen L+L in EUR				30	H
Bewertung Verbindlichkeiten	2012	Verbindlichkeiten L+L in USD				8	S
	4906	Kursdifferenzen Einkauf				8[4]	H

[1] Aus der Differenz zwischen Buch- und Transaktionskurs von drei Rappen ergibt sich ein Kursverlust von CHF 90 (USD 3000 • CHF 0.03/USD = CHF 90).

[2] Aus der Differenz zwischen Buch- und Transaktionskurs von zwei Rappen ergibt sich ein Kursgewinn von CHF 98 (EUR 4900 • CHF 0.02/EUR = CHF 98).

[3] Aus der Differenz zwischen Buch- und Bilanzkurs von drei Rappen ergibt sich ein Kursverlust von CHF 30 (EUR 1000 • CHF 0.03/EUR = CHF 30).

[4] Aus der Differenz zwischen Buch- und Bilanzkurs von einem Rappen ergibt sich ein Kursgewinn von CHF 8 (USD 800 • CHF 0.01/USD = CHF 8).

	Forderungen L+L in EUR			Kursdifferenzen	
	EUR	**Kurs**	**CHF**	**Verkauf**	
Fakturierung	6 000		1.10	6 600		
Skonto		100	1.10		110	
Bankgutschrift		4 900	1.12	5 488		
Kursdifferenz bei Zahlung				98		98
Bewertung Jahresende					30	30
Salden		**1 000**	**1.07**		**1 070**	**68**

	Verbindlichkeiten L+L in USD			Kursdifferenzen	
	USD	**Kurs**	**CHF**	**Einkauf**	
Rechnungseingang		4 000	0.95	3 800		
Bankbelastung	3 000		0.98	2 940		
Kursdifferenz bei Zahlung					90	90
Rabatt	200		0.95	190		
Bewertung Jahresende				8		8
Salden	**800**		**0.94**	**752**		**82**

b) 6558 (6600 – 110 + 98 – 30)

c) 3692 (3800 + 90 – 190 – 8)

d)

	Soll-Konto		Haben-Konto		Betrag
Zahlungsausgang USD 3000	4200	Handelswarenaufwand	1020	Bankguthaben	2 940
Zahlungseingang EUR 4900	1020	Bankguthaben	3200	Handelserlöse	5 488
OP Forderungen	1100	Forderungen L+L	3200	Handelserlöse	1 070
OP Verbindlichkeiten	4200	Handelswarenaufwand	2000	Verbindlichkeiten L+L	752

e) 6558 (5488 + 1070)

f) 3692 (2940 + 752)

Exkurs

5.07 Bankkonto in EURO

a)

	Konto		Währung	Betrag FW	Kurs	Betrag CHF	S/H
Fakturierung	1101	Forderungen L+L in EUR	EUR	5 000	1.10	5 500	S
	3000	Produktionserlöse				5 500	H
Bankgutschrift	1021	Bankguthaben in EUR	EUR	4 000	1.10	4 400	S
	1101	Forderungen L+L in EUR	EUR	4 000	1.10	4 400	H
Rechnungseingang	1220	Materialvorrat				3 190	S
	2011	Verbindlichkeiten L+L in EUR	EUR	2 900	1.10	3 190	H
Bankbelastung	2011	Verbindlichkeiten L+L in EUR	EUR	2 500	1.10	2 750	S
	1021	Bankguthaben in EUR	EUR	2 500	1.10	2 750	H
Verkauf EUR	1020	Bankguthaben				2 240	S
	1021	Bankguthaben in EUR	EUR	2 000	1.12	2 240	H
Kursgewinn realisiert	1021	Bankguthaben in EUR				40	S
	6999	Währungsgewinne				40	H
Kursverlust Forderungen unrealisiert	3806	Kursdifferenzen Verkauf				90	S
	1101	Forderungen L+L in EUR				90	H
Kursgewinn Verbindlichkeiten unrealisiert	2012	Verbindlichkeiten L+L in USD				30	S
	4906	Kursdifferenzen Einkauf				30	H
Kursverlust Bankguthaben unrealisiert	6949	Währungsverluste				15	S
	1021	Bankguthaben EUR				15	H

	Bankguthaben in EUR				Forderungen L+L in EUR			
	EUR	Kurs	CHF		EUR	Kurs	CHF	
Anfangsbestände	1 000	1.10	1 100		2 000	1.10	2 200	
Fakturierung					5 000	1.10	5 500	
Bankgutschrift	4 000	1.10	4 400		4 000	1.10	4 400	
Kursverlust Forderungen							90	
Saldo Forderungen L+L					3 000	1.07	3 210	

					Verbindlichkeiten L+L in EUR			
					EUR	Kurs	CHF	
Anfangsbestand					600	1.10	660	
Rechnungseingang					2 900	1.10	3 190	
Bankbelastung	2 500	1.10	2 750	2 500		1.10	2 750	
Verkauf EUR	2 000	1.12	2 240					
Kursgewinn realisiert			40					
Kursgewinn Verbindlichkeiten							30	
Kursverlust Bankguthaben			15					
Salden	500	1.07	535	1 000		1.07	1 070	

b) Kursdifferenzen auf dem Bankkonto werden grundsätzlich im Finanzergebnis ausgewiesen.

5.08   Wertschriften

		Gläubiger-papiere	Beteiligungs-papiere
1	Der Herausgeber beschafft sich Eigenkapital zur langfristigen Finanzierung		X
2	Die Kursschwankungen während der Laufzeit sind eher gering	X	
3	Ein typisches Beispiel sind Obligationen	X	
4	Der Investor erwartet am Ende der Laufzeit die Rückzahlung des Nennwerts	X	
5	Ein typisches Beispiel sind Aktien		X
6	Sie stellen eine Forderung gegenüber dem Herausgeber dar	X	
7	Ein typisches Beispiel sind Partizipationsscheine		X
8	Der Investor erwartet die Verzinsung seiner Geldanlage	X	
9	Der Herausgeber beschafft sich langfristiges Fremdkapital	X	
10	Die Kursschwankungen sind eher hoch		X
11	Die Höhe der jährlichen Ausschüttungen ist unregelmässig		X
12	Sie verbriefen Eigentümerrechte gegenüber dem Herausgeber		X

5.09   Umlaufvermögen oder Anlagevermögen[1]

		Umlauf-vermögen	Anlage-vermögen
1	Kauf von Obligationen mit der Absicht, diese bis zur Rückzahlung zu behalten		X
2	Kauf von 60 % der Aktien einer AG		X
3	Kauf von börsenkotierten Aktien zur Renditeverbesserung flüssiger Mittel	X	
4	Kauf von Obligationen mit einer Restlaufzeit von 60 Tagen	X	
5	Kauf von 2 Aktien der nicht börsenkotierten Bergbahnen AG		X[1]
6	Kauf von Aktien zwecks Einflussnahme an der GV		X

[1] Nicht börsenkotierte Aktien eignen sich nicht zur kurzfristigen Geldanlage, da sie schlecht handelbar sind.

5.10 Kauf von Wertschriften

a)

	Soll-Konto	Haben-Konto	Betrag
Kaufwert Aktien	1060 Wertschriften	1020 Bankguthaben	2 400
Spesen	6940 Bankspesen und Depotgebühren	1020 Bankguthaben	25
Kaufwert Obligation	1060 Wertschriften	1020 Bankguthaben	6 060
Marchzins	6952 Dividenden- und Zinsertrag WS	1020 Bankguthaben	90
Spesen	6940 Bankspesen und Depotgebühren	1020 Bankguthaben	60

b) Bankspesen sind nicht werthaltig. Bei der Folgebewertung werden die Wertschriften höchstens zum Kurswert (ohne Spesen) bewertet. Falls die Bankspesen aktiviert würden, vermischten sich in der Folgebewertung Kursdifferenzen und Bankspesen.

c) Sie bestehen aus der Kommission der Bank (Courtage), der eidg. Umsatzabgabe sowie der Entschädigung für die Börse.

d) Beim Kauf einer Obligation stellt der bezahlte Marchzins eine Korrektur zum späteren Zinsertrag bei Zinsfälligkeit dar.

5.11 Dividenden- und Zinsertrag

	Soll-Konto	Haben-Konto	Betrag
Nettodividende	1020 Bankguthaben	6952 Dividenden- und Zinsertrag WS	195
Verrechnungssteuer	1176 Verrechnungssteuerguthaben	6952 Dividenden- und Zinsertrag WS	105
Nettozins	1020 Bankguthaben	6952 Dividenden- und Zinsertrag WS	260
Verrechnungssteuer	1176 Verrechnungssteuerguthaben	6952 Dividenden- und Zinsertrag WS	140

5.12 Kauf und Verkauf von Aktien

	Soll-Konto	Haben-Konto	Betrag
Kauf Aktien	1060 Wertschriften	1020 Bankguthaben	8 100
	6940 Bankspesen und Depotgebühren	1020 Bankguthaben	80
Ausbuchung Kaufwert	1020 Bankguthaben	1060 Wertschriften	810
Kursgewinn	1020 Bankguthaben	6992 Kursgewinne Wertschriften	30
Spesen	6940 Bankspesen und Depotgebühren	1020 Bankguthaben	10

5.13 Kauf und Verkauf von Obligationen

a)

	Soll-Konto	Haben-Konto	Betrag
Kauf Obligationen	1060 Wertschriften	1020 Bankguthaben	4 080
	6952 Dividenden- und Zinsertrag WS	1020 Bankguthaben	10[1]
	6940 Bankspesen und Depotgebühren	1020 Bankguthaben	30
Ausbuchung Kaufwert	1020 Bankguthaben	1060 Wertschriften	4 080
Kursgewinn	1020 Bankguthaben	6992 Kursgewinne Wertschriften	40
Marchzins	1020 Bankguthaben	6952 Dividenden- und Zinsertrag WS	60[2]
Spesen	6940 Bankspesen und Depotgebühren	1020 Bankguthaben	30

b) Die Verrechnungssteuer ist auf fälligen Zinsen geschuldet. Der Marchzins (Bruchzins) ist nicht fällig und unterliegt deshalb nicht der Verrechnungssteuer.

c) Der Zinsertrag beträgt 50 und entspricht der Haltedauer von 5 Monaten.

[1] Der Verkäufer hat Anspruch auf den anteiligen Zins seit der letzten Zinsfälligkeit vom 30.03.20_1 (30 Tage).

Marchzins	$\dfrac{\text{Kapital} \cdot \text{Zinsfuss} \cdot \text{Tage}}{100 \cdot 360}$	$\dfrac{4000 \cdot 3 \cdot 30}{100 \cdot 360}$	10

[2] Die Sicuro hat Anspruch auf den anteiligen Zins seit der letzten Zinsfälligkeit vom 30.03.20_1 (180 Tage).

Marchzins	$\dfrac{\text{Kapital} \cdot \text{Zinsfuss} \cdot \text{Tage}}{100 \cdot 360}$	$\dfrac{4000 \cdot 3 \cdot 180}{100 \cdot 360}$	60

5.14 Handel und Bewertung von Aktien

a)

	Soll-Konto		Haben-Konto		Betrag
Kauf 100 Aktien Adesso	1060	Wertschriften	1020	Bankguthaben	7 000
	6940	Bankspesen und Depotgebühren	1020	Bankguthaben	60
Kauf 100 Aktien ABS	1060	Wertschriften	1020	Bankguthaben	2 200
	6940	Bankspesen und Depotgebühren	1020	Bankguthaben	20
Dividendengutschrift	1020	Bankguthaben	6952	Dividenden- und Zinsertrag WS	130
	1176	Verrechnungssteuerguthaben	6952	Dividenden- und Zinsertrag WS	70
Verkauf 100 Aktien ABS	1020	Bankguthaben	1060	Wertschriften	2 200
	1020	Bankguthaben	6992	Kursgewinne Wertschriften	200
	6940	Bankspesen und Depotgebühren	1020	Bankguthaben	20
Verkauf 50 Aktien Adesso	1020	Bankguthaben	1060	Wertschriften	3 500
	6942	Kursverluste Wertschriften	1020	Bankguthaben	200
	6940	Bankspesen und Depotgebühren	1020	Bankguthaben	30
Anpassung WB WS	1069	WB Wertschriften	6992	Kursgewinne Wertschriften	100

b) Der Kursgewinn beim Verkauf der ABS-Aktien und der Kursverlust beim Verkauf der Adesso-Aktien sind realisierte Kursdifferenzen.

5.15 Wertschriftenbuchhaltung mit Aktien und Obligationen

Hilfsbuch Wertschriften am 31.12.20_4

Stückzahl/ Nominalwert	Bezeichnung	Kaufkurs	Kaufwert	Bilanzkurs	Bilanzwert (Buchwert)	WB Wertschriften	Aufgelaufene Marchzinsen
CHF 6 000	4 % Kanton BS	103 %	6 180	102 %	6 120	– 60	120
20 Stück	Riche Holding	240	4 800	280	5 600	800	–
20 Stück	Poormont	85	1 700	80	1 600	–100	–
			12 680		13 320	640	120

	Soll-Konto		Haben-Konto		Betrag
Rückbuchung Marchzins	6952	Dividenden- und Zinsertrag WS	1300	Aktive Rechnungsabgrenzungen	30
Kauf 20 Aktien Riche	1060	Wertschriften	1020	Bankguthaben	4 800
Dividende Riche	1020	Bankguthaben	6952	Dividenden- und Zinsertrag WS	130
	1176	Verrechnungssteuerguthaben	6952	Dividenden- und Zinsertrag WS	70
Kauf Obligation Kanton BS	1060	Wertschriften	1020	Bankguthaben	6 180
	6952	Dividenden- und Zinsertrag WS	1020	Bankguthaben	200
Kauf 100 Aktien Poormont	1060	Wertschriften	1020	Bankguthaben	8 500
Zinsgutschrift Kanton GE	1020	Bankguthaben	6952	Dividenden- und Zinsertrag WS	78
	1176	Verrechnungssteuerguthaben	6952	Dividenden- und Zinsertrag WS	42
Verkauf Obligation Kanton GE	1020	Bankguthaben	1060	Wertschriften	5 000
	6942	Kursverluste Wertschriften	1020	Bankguthaben	50
	1020	Bankguthaben	6952	Dividenden- und Zinsertrag WS	20
Verkauf 80 Aktien Poormont	1020	Bankguthaben	1060	Wertschriften	6 800
	1020	Bankguthaben	6992	Kursgewinne Wertschriften	400
Marchzinsen	1300	Aktive Rechnungsabgrenzungen	6952	Dividenden- und Zinsertrag WS	120
Anpassung WB WS	1069	WB Wertschriften	6992	Kursgewinne Wertschriften	740

	Wertschriften		WB Wertschriften		Aktive Rechnungsab- grenzungen		Kursverluste Wertschriften	Dividenden- und Zins- ertrag WS		Kursgewinne Wertschriften
Anfangsbestände	5 000				100	30				
Rückbuchung Marchzins						30		30		
Kauf 20 Aktien Riche	4 800									
Dividende Riche								130		
								70		
Kauf Obligation Kanton BS	6 180									
								200		
Kauf 100 Aktien Poormont	8 500									
Zinsgutschrift Kanton GE								78		
								42		
Verkauf Obligation Kanton GE		5 000								
							50			
								20		
Verkauf 80 Aktien Poormont		6 800								
										400
Marchzinsen					120			120		
Anpassung WB WS			740							740
Salden	**12 680**		**640**		**120**		**50**	**230**	**1 140**	

5.16   Wahl der Kapitalanlage

a) Das Sparkonto. Ein Kunde profitiert vom Einlegerschutz: Im Konkursfall der CS müssten die anderen Banken für die Rückzahlung von maximal CHF 100 000 aufkommen.

b) Die 4 %-Obligation der Kraftwerke AG verspricht die höchste Rendite.

Der Dividendensatz von 10 % der Biotech-Aktien bezieht sich auf den Nominalwert von 100. Bezogen auf den Kaufpreis von 500 beträgt die Dividendenrendite nur 2 %.

c) Bei Obligationen und Aktien fallen beim Kauf und Verkauf je ca. 1 % Bankspesen an. Zudem muss je nach Vertrag jährlich mit bis zu 1 % Depotgebühren gerechnet werden.

d) **Sparkonto**
Die Bank erhöht oder senkt den Zinsfuss je nach Konjunkturlage. Kursschwankungen bestehen nicht; die Rückzahlung erfolgt zum Nominalwert.

Obligation
Der Zinsfuss bleibt über die Laufzeit konstant bei 4 %. Je nach Konjunkturlage verändert sich der marktübliche Zins für diese Art von Kapitalanlage. Weil der Zinsfuss dieser Obligation konstant ist, wird die Anpassung der Rendite über den Kurs gesteuert.[1]

Die Rückzahlung erfolgt normalerweise zum Nominalwert, wodurch bei der vorliegenden Obligation ein Kursverlust von 1 % entsteht.

Aktien
Die Dividende kann in Abhängigkeit des Geschäftsverlaufs der Biotech AG stark schwanken. Sowohl die Chance von Kursgewinnen als auch das Risiko von Kursverlusten sind hoch. Grundsätzlich gibt es keine Rückzahlung der Aktie.

[1] Fallen beispielsweise die Marktzinsen auf 3 %, wird die vorliegende Obligation attraktiver und der Kurs steigt.

5.17 Renditen von Obligationen

a)

Rendite	$\dfrac{\text{Zinsertrag 2} + \text{Kursgewinn 1}}{\text{Kapitaleinsatz 100}}$	3,0 %

b)

Kursgewinn pro Jahr	$\dfrac{\text{Kursgewinn 4} \cdot \text{12 Monate}}{\text{24 Monate}}$	2
Rendite	$\dfrac{\text{Zinsertrag 3} + \text{Kursgewinn 2}}{\text{Kapitaleinsatz 102}}$	4,9 %

c)

Kursverlust pro Jahr	$\dfrac{\text{Kursverlust 3} \cdot \text{12 Monate}}{\text{18 Monate}}$	2
Rendite	$\dfrac{\text{Zinsertrag 4 ./. Kursverlust 2}}{\text{Kapitaleinsatz 101}}$	2,0 %

d)

Rendite	$\dfrac{\text{Zinsertrag 570 ./. Kursverlust 480}[1]}{\text{Kapitaleinsatz 10 094}}$	0,9 %

[1] Kauf: CHF 10 094 (USD 10 000 • 0.98 • 103 %)
Verkauf: CHF 9 614 (USD 10 000 • 0.92 • 104,5 %)

5.18 Renditen von Aktien

a)

Jahresertrag	Dividende 10 + Kursgewinn 2	12
Rendite	$\dfrac{\text{Jahresertrag } 12}{\text{Kapitaleinsatz } 240}$	**5,0 %**

b)

Jahresertrag	$\dfrac{(\text{Dividende } 50 + \text{Kursgewinn } 40) \cdot 12 \text{ Monate}}{18 \text{ Monate}}$	60
Rendite	$\dfrac{\text{Jahresertrag } 60}{\text{Kapitaleinsatz } 1500}$	**4,0 %**

c)

Jahresertrag	$\dfrac{(\text{Dividende } 14 ./. \text{Kursverlust } 9) \cdot 12 \text{ Monate}}{15 \text{ Monate}}$	4
Rendite	$\dfrac{\text{Jahresertrag } 4}{\text{Kapitaleinsatz } 160}$	**2,5 %**

d)

Jahresertrag	$\dfrac{(\text{Dividenden } 32 + \text{Kursgewinn } 20) \cdot 12 \text{ Monate}}{16 \text{ Monate}}$	39
Rendite	$\dfrac{\text{Jahresertrag } 39}{\text{Kapitaleinsatz } 420}$	**9,3 %**

5.19   Devisen-Termingeschäfte beim Import

a) Sie schliesst einen Devisen-Terminkauf ab, weil sie die USD am 30. September 20_1 zur Bezahlung der Rechnung benötigt.

b) Die Differenz, in diesem Fall der Abschlag, ist ein Rendite-Ausgleich zum höheren Zinssatz von USD-Anlagen gegenüber CHF-Anlagen.

Würde die Bank die USD am 30. März verkaufen, müsste sie die CHF zum tieferen CHF-Zins anlegen. Durch das Termingeschäft kann die Bank die USD noch 6 Monate ohne FW-Risiko zu höheren Zinsen anlegen, weshalb sie bereit ist, dem Kunden in 6 Monaten die USD zum tieferen Terminkurs zu verkaufen.

c) Der Anschaffungswert beträgt CHF 49 000 (USD 50 000 zum Terminkurs 0.98).

d) Überhaupt nicht. Das Termingeschäft ist verbindlich und die Schreinerei AG muss die USD zum vereinbarten Terminkurs von CHF 0.98/USD kaufen.

e) Die Liquidität für den Gegenwert der USD 50 000 wäre bis am 30. September 20_1 blockiert.

5.20   Devisen-Termingeschäfte beim Export

a) Sie schliesst einen Devisen-Terminverkauf ab, weil sie am 30. September 20_1 USD 100 000 bekommt, die sie in CHF wechseln muss.

b) Die Differenz, in diesem Fall der Abschlag, ist ein Rendite-Ausgleich zum höheren Zinssatz von USD-Anlagen gegenüber CHF-Anlagen.

Würde die Bank die USD sofort kaufen, könnte sie die USD zum höheren USD-Zinssatz anlegen. Durch das Termingeschäft muss die Bank die CHF noch 6 Monate zu tieferen Zinsen anlegen, weshalb sie dem Kunden in 6 Monaten für die USD nur den tieferen Terminkurs bezahlt, um die tiefere Zinsrendite auszugleichen.

c) Der Gesamterlös beträgt CHF 95 000 (USD 100 000 zum Terminkurs 0.95).

d) Nein. Das Termingeschäft ist verbindlich, und die Export AG muss die USD zum vereinbarten Terminkurs von CHF 0.95/USD verkaufen.

e) Für den Kredit müsste die Export AG USD-Kreditzinsen bezahlen.

5.21 Devisen-Termingeschäfte

	Aussage	Richtig	Begründung, warum falsch
1	Ein Devisen-Terminverkauf verpflichtet zum FW-Verkauf zu einem künftigen Zeitpunkt.	X	
2	Beim Abschluss eines Devisen-Termingeschäfts fliesst kein Geld.	X	
3	Devisen-Termingeschäfte sind grundsätzlich OTC-Geschäfte, d. h. Over-The-Counter-Geschäfte zwischen Bank und Kunden.	X	
4	Die Differenz zwischen Terminkurs und Kassakurs wird als Spread bezeichnet.		Der Spread ist die Differenz zwischen dem Kaufkurs (Geldkurs) und dem Verkaufskurs (Briefkurs) der Bank.
5	Beim Devisen-Terminkauf ist der Terminkurs höher als der Kassakurs.		Je nach Währung kann der Terminkurs gegenüber dem Kassakurs höher oder tiefer sein. Die Differenz zwischen Kassakurs und Terminkurs ergibt sich aus den unterschiedlichen Zinssätzen zwischen den beiden Währungen.
6	Als Erfüllungstermin kann mit der Bank ein beliebiges Datum vereinbart werden.	X	
7	Bei einem Devisen-Termingeschäft kann der Kunde den FW-Kurs wählen.		Nein, der Terminkurs wird von der Bank offeriert. Der Kunde kann den Kurs akzeptieren oder nicht.
8	Für den Abschluss eines Devisen-Termingeschäfts werden Spesen belastet.		Die Bank belastet keine Spesen; sie verdient durch den Spread.
9	Ein Fremdwährungs-Swap ist die Kombination zwischen einem Kassageschäft und einem Termingeschäft.	X	

5.22 Einsatz von Devisen-Termingeschäften

		Derivat
1	Die Transport AG bestellt in Deutschland einen Lastwagen. Der Rechnungsbetrag von EUR 200 000 ist in 90 Tagen fällig.	FW-Terminkauf
2	Die Anlagen GmbH offeriert einem Kunden in Frankreich eine neue Produktionsanlage zu EUR 200 000. Die Offerte ist drei Monate gültig.	keine[1]
3	Die Liquid AG kauft eine USD-Anleihe, die in 6 Monaten zurückbezahlt wird.	FW-Terminverkauf
4	Die Spezial GmbH hat zu wenig CHF, um alle fälligen Rechnungen zu begleichen. Auf dem USD-Konto hat sie genügend USD, die sie verwenden könnte. Sie benötigt diese USD jedoch in einem Jahr zum Kauf einer Maschine.	FW-Swap: USD-Kassaverkauf und USD-Terminkauf
5	Die Export AG fakturiert für eine Lieferung nach Italien EUR 20 000, zahlbar in 60 Tagen.	FW-Terminverkauf

[1] Ein verbindliches Termingeschäft ist in dieser Situation ungeeignet, da der Zahlungseingang unsicher ist.

5.23 Devisen-Optionen beim Import

a) Sie kauft eine Call-Option. Dadurch hat sie das Recht (nicht aber die Pflicht), die USD zum Strike CHF 1.02/USD zu kaufen.

b) Die Spedition AG hofft, dass der USD-Kurs massiv sinkt und sie die USD in 10 Monaten zu einem wesentlich tieferen Kurs kaufen und die Option verfallen lassen kann. Gleichzeitig möchte sie sich gegen einen Anstieg des USD-Kurses absichern.

c) Der Verkäufer der Option (Stillhalter) übernimmt bis zum Verfalltermin das FW-Risiko, da er die USD bis zum Verfalltermin zur Verfügung halten muss, egal wie sich der USD-Kurs entwickelt. Dafür verlangt er eine Stillhalterprämie.

d) **USD-Kurs CHF 1.03/USD**

Die Spedition AG übt die Option aus.

	Kauf USD 100 000 zu CHF 1.02/USD	CHF	102 000
+	Optionsprämie USD 100 000 zu CHF 0.02/USD	CHF	2 000
=	Anschaffungskosten	CHF	104 000

USD-Kurs CHF 0.95/USD

Die Spedition AG lässt die Option verfallen und kauft die USD per Kassa.

	Kauf USD 100 000 zu CHF 0.95/USD	CHF	95 000
+	Optionsprämie USD 100 000 zu CHF 0.02/USD	CHF	2 000
=	Anschaffungskosten	CHF	97 000

Devisen-Terminkauf

Kauf USD 100 000 zu CHF 1.00/USD	CHF	100 000

e) Bei einem Devisenterminkauf betragen die Anschaffungskosten CHF 100 000. Damit die Anschaffungskosten beim Kauf einer Call-Option nicht höher sind, muss der USD-Kurs mindestens auf CHF 0.98/USD sinken. Nachweis:

	Kauf USD 100 000 zu CHF 0.98/USD	CHF	98 000
+	Optionsprämie USD 100 000 zu CHF 0.02/USD	CHF	2 000
=	Anschaffungskosten	CHF	100 000

5.24 Kursschwankungen bei Call-Optionen

a) Optionsprämie = EUR 50 000 zu CHF 0.02/EUR = CHF 1000

b) Ja. Sie kauft die EUR zum Strike von CHF 1.04/EUR.

   Die Prämie ist bereits bezahlt und spielt bei der Entscheidung keine Rolle.

c) Die Optionsprämie mit einem Strike von 1.02/EUR wäre höher, weil die Option in-the-money wäre, d.h. einen inneren Wert hätte (der Kassakurs liegt über dem Strike).

   Die Optionsprämie bei Verfall 30.09.20_1 wäre höher, weil der Zeitwert höher wäre (die Bank müsste das Währungsrisiko länger tragen).

5.25 Devisen-Optionen beim Export

a) Sie kauft eine Put-Option. Dadurch hat sie das Recht (nicht aber die Pflicht), die USD zum Strike CHF 0.95/USD zu verkaufen.

b) Die Förder AG hofft, dass der USD-Kurs massiv steigt und sie die USD in 10 Monaten zu einem wesentlich höheren Kurs verkaufen und die Option verfallen lassen kann. Gleichzeitig möchte sie sich gegen einen Rückgang des USD-Kurses absichern.

c) Der Verkäufer der Option (Stilhalter) übernimmt bis zum Verfalltermin das FW-Risiko, da er bereit sein muss, die USD zum Kurs von 0.95 zu kaufen, egal wie sich der USD-Kurs entwickelt. Dafür verlangt er eine Stillhalter-Prämie.

d) **USD-Kurs CHF 0.94/USD**

   Die Spedition AG übt die Option aus.

	Verkauf USD 500 000 zu CHF 0.95/USD	CHF	475 000
./.	Optionsprämie USD 500 000 zu CHF 0.02/USD	CHF	– 10 000
=	Gesamterlös	CHF	465 000

USD-Kurs CHF 1.02/USD

Die Spedition AG lässt die Option verfallen und verkauft die USD per Kassa.

	Verkauf USD 500 000 zu CHF 1.02/USD	CHF	510 000
./.	Optionsprämie USD 500 000 zu CHF 0.02/USD	CHF	– 10 000
=	Gesamterlös	CHF	500 000

Devisen-Terminverkauf

Verkauf USD 500 000 zu CHF 0.97/USD   CHF   485 000

e) Bei einem Devisen-Terminverkauf beträgt der Gesamterlös CHF 485 000. Damit der Gesamterlös beim Kauf einer Put-Option gleich hoch ist, muss der USD-Kurs mindestens auf CHF 0.99/USD steigen. Nachweis:

	Verkauf USD 500 000 zu CHF 0.99/USD	CHF	495 000
./.	Optionsprämie USD 500 000 zu CHF 0.02/USD	CHF	– 10 000
=	Gesamterlös	CHF	485 000

5.26   Kursschwankungen bei Put-Optionen

a) Optionsprämie = EUR 100 000 zu CHF 0.03/EUR = CHF 3000

 Die Prämie ist hoch, weil die Option *in-the-money* ist, d.h., es würde sich bereits lohnen, die Option auszuüben. Der Strike liegt über dem Kassakurs.

b) Ja. Sie verkauft die EUR zum Strike von CHF 1.03/EUR.

 Die Prämie ist bereits bezahlt und spielt bei der Entscheidung keine Rolle.

c) Die Optionsprämie mit einem Strike von CHF 1.00/EUR wäre tiefer, weil die Option *out-of-the-money* wäre, d.h. keinen inneren Wert hätte (der Kassakurs liegt über dem Strike).

 Die Optionsprämie bei Verfall 30.06.20_01 wäre tiefer, weil der Zeitwert aufgrund der kürzeren Restlaufzeit geringer wäre (die Bank müsste das Währungsrisiko weniger lang tragen).

5.27   Devisen-Optionen

		richtig
1	Der Käufer einer Call-Option sichert sich gegen steigende Kurse ab.	X
2	Der Käufer einer Option wird als Stillhalter bezeichnet.	
3	Der Strike ist der FW-Kurs, zu welchem eine Option ausgeübt werden kann.	X
4	Eine amerikanische Option kann jederzeit ausgeübt werden.	X
5	Eine europäische Option kann jederzeit verkauft werden.	X[1]
6	Der Käufer einer Call-Option kann den Strike selber wählen.	X
7	Eine Option während der Laufzeit auszuüben ist grundsätzlich nicht sinnvoll, da der Zeitwert dadurch verloren geht.	X
8	Einem Kunden wird eine Offerte in EUR unterbreitet. Zur Kursabsicherung kauft der Offertsteller eine Call-Option.	
9	Ein Investor kauft eine USD-Anleihe, die in 6 Monaten zurückbezahlt wird. Mit dem Kauf einer Put-Option wird das Kursrisiko abgesichert, und die Gewinnchance bei steigendem USD-Kurs beibt bestehen.	X
10	Eine Hypothek in EUR wird in 5 Monaten zur Rückzahlung fällig. Zur Kursabsicherung kauft der Schuldner eine Put-Option.	
11	Der Käufer einer Option muss eine Prämie bezahlen.	X

---

[1] Die europäische Option kann erst bei Verfall ausgeübt werden. Gehandelt wird sie hingegen während der ganzen Laufzeit.

Mehrwertsteuer

6.01 Prinzip der Mehrwertsteuer

a)

Import	
Importpreis exkl. MWST	30
MWST 10 %	3
Total inkl. MWST	33

Verkauf an Händler	
Verkaufspreis exkl. MWST	50
MWST 10 %	5
Verkaufspreis inkl. MWST	55

Verkauf an Endkunden	
Verkaufspreis exkl. MWST	90
MWST 10 %	9
Verkaufspreis inkl. MWST	99

b)

Victoria AG

	Verkaufsumsatz	50
	Vorleistung (Import)	–30
=	**Wertschöpfung (Mehrwert)**	20

Bergsport AG

	Verkaufsumsatz	90
./.	Vorleistung	–50
=	**Wertschöpfung (Mehrwert)**	40

c)

Victoria AG

Umsatz		50	
	Umsatzsteuer		5
./.	Vorsteuer (Einfuhrsteuer)		–3
=	**Geschuldete Steuer**		2

Bergsport AG

Umsatz		90	
	Umsatzsteuer		9
./.	Vorsteuer		–5
=	**Geschuldete Steuer**		4

d)

	Einfuhrsteuer	3
+	Geschuldete MWST Victoria	2
+	Geschuldete MWST Bergsport AG	4
=	**Mehrwertsteuer Total**	9

e) Der nicht zum Vorsteuerabzug berechtigte Bergsteiger (nicht-unternehmerischer Endverbrauch).

f) Von der fakturierten Umsatzsteuer kann die Vorsteuer auf der Vorleistung in Abzug gebracht werden. Es wird nur der selbst geschaffene Mehrwert besteuert, weshalb die Steuer als Mehrwertsteuer bezeichnet wird.

6.02 Steuersubjekte und Steuerobjekte

Beschreibung	Subjekt	Objekt
Tatbestand, auf welchem die Steuer erhoben wird		X
Unternehmung mit einem steuerbaren Inlandumsatz von CHF 150 000	X	
Im Inland gegen Entgelt erbrachte Lieferung eines Gegenstandes		X
Einfuhr von Gegenständen aus dem Ausland		X

6.03 Steuerarten

Beschreibung	Steuerart
Die Handel AG verkauft einem inländischen Kunden einen Schrank für CHF 2600.	Umsatzsteuer
Ein Unternehmen mit Sitz im Ausland, welches in der Schweiz nicht als Steuersubjekt registriert ist, fakturiert für Gebäudereinigung in Basel CHF 40 000.	Bezugssteuer[1]
Die Handel AG importiert aus Frankreich Fahrräder im Wert von CHF 8000.	Einfuhrsteuer[1]
Die Handel AG verbucht die Rechnung des inländischen Wirtschaftsprüfers von CHF 5000.	Vorsteuer

6.04 Abrechnungsmethoden

Aussagen	Richtig
Die MWST wird aufgrund der Zahlungseingänge und -ausgänge abgerechnet.	X
Diese Abrechnungsmethode ist die von der Steuerverwaltung bevorzugte Methode.	
Forderungsverluste werden bei der Berechnung der Umsatzsteuer berücksichtigt.	X
Die Abrechnung erfolgt in der Regel quartalsweise.	X
Die geschuldete Steuer ist nach dieser Methode meist geringer.	

6.05 Steuersätze

a)

Beschreibung	Satz	Beispiele
Normalsatz	7,7 %	Möbel, Kleider, Fahrzeuge, verschiedene DL
Reduzierter Satz	2,5 %	Lebensmittel, Zeitungen, Medikamente
Sondersatz Hotellerie	3,7 %	Unterkunft und Frühstück

b) Umsätze für Grundbedürfnisse werden aus sozialen Überlegungen zum reduzierten Satz abgerechnet.

---

[1] Die Bezugs- und die Einfuhrsteuern können durch die Handel AG als Vorsteuer geltend gemacht werden.

6.06 Umsätze

a)

Beschreibung	Steuerbar	Ausge-nommen	Befreit
Fakturierung von Schulgeldern		X	
Reparatur eines Fahrzeuges	X		
Verkauf und Lieferung von Möbeln ins Ausland			X
Verzinsung des Sparkontos		X	
Verkauf und Lieferung von Möbeln im Inland	X		
Verkauf einer Wohnung in Chur		X	
Erbringung von Treuhand-Dienstleistungen	X		
Verkauf eines Fluges von Zürich nach New York			X

b) Vorsteuern im Zusammenhang mit ausgenommenen Umsätzen können nicht geltend gemacht werden, diejenigen im Zusammenhang mit befreiten Umsätzen hingegen schon.

c) Vermietung von Geschäftsräumlichkeiten, sofern die Mieter zum Vorsteuerabzug berechtigt sind.

d) Die MWST bezweckt die Besteuerung des nicht-unternehmerischen Endverbrauchs im *Inland*.

6.07 Effektive Abrechnungsmethode nach vereinbartem Entgelt

	Soll-Konto		Haben-Konto		Betrag
Lieferantenrechnungen	1220	Materialvorrat	2000	Verbindlichkeiten L+L	2 400
Vorsteuer	1170	Vorsteuer Material, Waren, DL	2000	Verbindlichkeiten L+L	185
Zahlung Lieferanten	2000	Verbindlichkeiten L+L	1020	Bankguthaben	2 477
Kundenrechnungen Inland	1100	Forderungen L+L	3000	Produktionserlöse	3 400
Umsatzsteuer	1100	Forderungen L+L	2200	Umsatzsteuer	262
Kundenrechnungen Ausland	1100	Forderungen L+L	3000	Produktionserlöse	4 000
Kundenzahlungen Inland	1020	Bankguthaben	1100	Forderungen L+L	3 877
Kundenzahlungen Ausland	1020	Bankguthaben	1100	Forderungen L+L	4 100
Forderungsverlust	3805	Verluste Forderungen	1100	Forderungen L+L	300
Umsatzsteuer	2200	Umsatzsteuer	1100	Forderungen L+L	23
Fahrzeugkauf	1530	Fahrzeuge	2000	Verbindlichkeiten L+L	100
Vorsteuer	1171	Vorsteuer Invest., übriger Aufwand	2000	Verbindlichkeiten L+L	8
Umbuchungen MWST	2201	Abrechnungskonto MWST	1170	Vorsteuer Material, Waren, DL	185
	2201	Abrechnungskonto MWST	1171	Vorsteuer Invest., übriger Aufwand	8
	2200	Umsatzsteuer	2201	Abrechnungskonto MWST	239
Überweisung an ESTV	2201	Abrechnungskonto MWST	1020	Bankguthaben	46

	Vorsteuer Material, Waren, DL	Vorsteuer Invest., übriger Aufwand	Umsatzsteuer		Abrechnungs- konto MWST
Lieferantenrechnungen	185				
Kundenrechnungen Inland				262	
Forderungsverlust			23		
Fahrzeugkauf		8			
Umbuchung MWST	185			185	
			8		8
				239	239
Überweisung an ESTV				46	
Salden	0	0	0		0

6.08 Vergleich vereinbartes und vereinnahmtes Entgelt

a)

	Soll-Konto		Haben-Konto		Betrag
Lieferantenrechnungen	4200	Handelswarenaufwand	2000	Verbindlichkeiten L+L	5 200
Vorsteuer	1170	Vorsteuer Material, Waren, DL	2000	Verbindlichkeiten L+L	400
Skonto	2000	Verbindlichkeiten L+L	4900	Skonti und Rabatte	100
Vorsteuer	2000	Verbindlichkeiten L+L	1170	Vorsteuer Material, Waren, DL	8
Zahlung Lieferanten	2000	Verbindlichkeiten L+L	1020	Bankguthaben	5 277
Kundenrechnungen	1100	Forderungen L+L	3200	Handelserlöse	7 200
Umsatzsteuer	1100	Forderungen L+L	2200	Umsatzsteuer	554
Rabatt	3800	Skonti und Rabatte	1100	Forderungen L+L	200
Umsatzsteuer	2200	Umsatzsteuer	1100	Forderungen L+L	15
Kundenzahlungen	1020	Bankguthaben	1100	Forderungen L+L	7 108
Eingang Vorauszahlungs-RG	1290	Geleistete Anzahlung Vorräte	2000	Verbindlichkeiten L+L	600
Vorsteuer	1170	Vorsteuer Material, Waren, DL	2000	Verbindlichkeiten L+L	46
Zahlung Vorauszahlungs-RG	2000	Verbindlichkeiten L+L	1020	Bankguthaben	646
Umbuchungen MWST	2201	Abrechnungskonto MWST	1170	Vorsteuer Material, Waren, DL	438
	2200	Umsatzsteuer	2201	Abrechnungskonto MWST	539
Überweisung an ESTV	2201	Abrechnungskonto MWST	1020	Bankguthaben	101

b)

	Soll-Konto		Haben-Konto		Betrag
Zahlung Lieferanten	4200	Handelswarenaufwand	1020	Bankguthaben	4 900
Vorsteuer	1170	Vorsteuer Material, Waren, DL	1020	Bankguthaben	377
Kundenzahlungen	1020	Bankguthaben	3200	Handelserlöse	7 108
Umsatzsteuer	3200	Handelserlöse	2200	Umsatzsteuer	508
Anzahlung	1290	Geleistete Anzahlung Vorräte	1020	Bankguthaben	600
Vorsteuer	1170	Vorsteuer Material, Waren, DL	1020	Bankguthaben	46
Anpassung: Forderungen	1100	Forderungen L+L	3200	Handelserlöse	400
Umsatzsteuern	1100	Forderungen L+L	2300	Passive Rechnungsabgrenzungen	31
Anpassung: Verbindlichkeiten	4200	Handelswarenaufwand	2000	Verbindlichkeiten L+L	200
Vorsteuern	1300	Aktive Rechnungsabgrenzungen	2000	Verbindlichkeiten L+L	15
Umbuchungen MWST	2201	Abrechnungskonto MWST	1170	Vorsteuer Material, Waren, DL	423
	2200	Umsatzsteuer	2201	Abrechnungskonto MWST	508
Überweisung an ESTV	2201	Abrechnungskonto MWST	1020	Bankguthaben	85

c) Nach vereinbartem Entgelt beträgt die geschuldete Steuer 101, nach vereinnahmten Entgelt 85. Der Differenzbetrag von 16 setzt sich aus zwei Komponenten zusammen:

- Vorsteuerguthaben: Nach vereinbartem Entgelt kann auf der Zunahme der Verbindlichkeiten L+L von 200 (exkl. MWST) die *Vorsteuer von 15* bereits bei Rechnungserfassung zurückgefordert werden.

- Umsatzste uer: Nach vereinnahmten Entgelt ist auf der Zunahme der Forderungen L+L von 400 (exkl. MWST) die *Umsatzsteuer von 31* bereits bei Rechnungsstellung geschuldet.

6.09 Verkauf einer gebrauchten Maschine

	Soll-Konto		Haben-Konto		Betrag
Verkaufserlös	1100	Forderungen L+L	1500	Maschinen	600
Umsatzsteuer	1100	Forderungen L+L	2200	Umsatzsteuer	46
Auflösung WB	1509	WB Maschinen	1500	Maschinen	1 500
Veräusserungserfolg	1500	Maschinen	8514	A.o. Gewinn aus Veräusserung SA	100

6.10 Kauf und Eintausch von Fahrzeugen

	Vorsteuer Invest., übriger Aufwand	Fahrzeuge	WB Fahrzeuge	Verbindlichkeiten L+L	Umsatzsteuer	A.o. Verlust aus Veräusserung SA
Anfangsbestände		3 600		3 000		
Kauf Neuwagen		4 000		4 000		
Vorsteuer	308			308		
Eintauschwert		400		400		
Umsatzsteuer				31	31	
Auflösung WB		3 000	3 000			
Veräusserungserfolg		200				200
Salden	**308**	**4 000**	**0**	**3 877**	**31**	**200**

6.11 Privatanteile

a)

	Soll-Konto		Haben-Konto		Betrag
Privatanteil Geschäftsauto	2850	Privat	6270	Privatanteil Fahrzeugaufwand	4 200
	2850	Privat	1174	Vorsteuerkorrekturen	323
Privatanteil Lebensmittel	2850	Privat	3790	Naturalbezüge	2 200
	2850	Privat	1174	Vorsteuerkorrekturen	55

b)

	Soll-Konto		Haben-Konto		Betrag
Privatanteil Geschäftsauto	2850	Privat	6270	Privatanteil Fahrzeugaufwand	4 200
	2850	Privat	1174	Vorsteuerkorrekturen	323
Privatanteil Lebensmittel	2850	Privat	3790	Naturalbezüge	2 200
	2850	Privat	1174	Vorsteuerkorrekturen	55

c)

	Soll-Konto		Haben-Konto		Betrag
Privatanteil Geschäftsauto	5000	Lohnaufwand	6270	Privatanteil Fahrzeugaufwand	4 200
	5000	Lohnaufwand	2200	Umsatzsteuer	323
Privatanteil Lebensmittel	5000	Lohnaufwand	3790	Naturalbezüge	2 200
	5000	Lohnaufwand	2200	Umsatzsteuer	55

d)

	Soll-Konto		Haben-Konto		Betrag
Privatanteil Geschäftsauto	5000	Lohnaufwand	6270	Privatanteil Fahrzeugaufwand	4 200
	5000	Lohnaufwand	2200	Umsatzsteuer	323
Privatanteil Lebensmittel	5000	Lohnaufwand	3790	Naturalbezüge	2 200
	5000	Lohnaufwand	2200	Umsatzsteuer	55

e)

Privatanteil im Jahr ohne MWST		4 200
Privatanteil im Jahr inkl. MWST	4 200 • 107,7 %	4 523
Kaufpreis ohne MWST	4 523 : 9,6 % (12 • 0,8 %)	47 115
Kaufpreis inkl. MWST	47 115 • 107,7 %	50 743

6.12   MWST-Abrechnung nach der effektiven Methode

	Wert exkl. MWST	MWST-Satz	MWST-Betrag
Fakturierte Entgelte an Dritte			
Verkaufte Menüs und alkoholfreie Getränke im Hotel	450 000	7,7 %	34 650
Lebensmittelverkäufe über die Gasse	40 000	2,5 %	1 000
Verkauf von Übernachtung mit Frühstück	1 000 000	3,7 %	37 000
Verkauf von Spezialitäten an ein Partnerhotel in Bayern	260 000		
Erlösminderungen			
Verluste wegen Zechprellerei	1 000	7,7 %	77
Mengenrabatte an Unternehmen für Übernachtungen mit Frühstück	20 000	3,7 %	740
Skontoabzüge bei der Bezahlung durch Partnerhotel in Bayern	2 000		
Diverse Aufwände			
Einkäufe von Lebensmitteln im Inland	240 000	2,5 %	6 000
Import von Lebensmitteln aus dem Ausland	60 000	2,5 %	1 500
Beratungsleistung durch einen bei der MWST nicht registrierten Tourismusberater mit Sitz in Deutschland.	20 000	7,7 %	1 540
Rechnungen für diverse Aufwände	250 000	7,7 %	19 250
Investitionen			
Kauf neuer Fernseher für die Hotelzimmer	25 000	7,7 %	1 925
Eigenverbrauch und Privatbezüge			
Verpflegung der Angestellten gemäss Merkblatt N2	60 000	7,7 %	4 620
Privatanteil für Verpflegung des Inhabers gemäss Merkblatt N1	2 006	7,7 %	154
Privatanteil für Verpflegung des Inhabers gemäss Merkblatt N1	4 215	2,5 %	105
Privatanteil Inhaber für Geschäftsauto gemäss Merkblatt N1	4 000	7,7 %	308

MWST-Abrechnung F. Berner

I UMSATZ

	Ziffer	Umsatz	Umsatz
Vereinbarte bzw. vereinnahmte Entgelte	200		1 810 000[1]
Davon Leistungen für die optiert wird	205		
Von der Steuer befreite Leistungen	220	258 000	
Leistungen im Ausland	221 +		
Übertragung im Meldeverfahren	225 +		
Nicht steuerbare Leistungen (Art. 21)	230 +		
Entgeltsminderungen	235 +	23 000	Ziff. 220 bis 280
Diverses	280 +		– 281 000	289
Steuerbarer Gesamtumsatz	299		= **1 529 000**

II STEUERBERECHNUNG

	Ziffer	Leistungen	Steuer	
Leistungen zum Normalsatz	302	509 000[2]	39 193	7,7 %
Leistungen zum reduzierten Satz	312	40 000	+ 1 000	2,5 %
Beherbergungsleistungen	342	980 000	+ 36 260	3,7 %
Bezugsteuer	382	20 000	+ 1 540	
Total geschuldete Steuer			= **77 993**	399

	Ziffer	Steuer	
Vorsteuer auf Material und DL	400	7 500	
Vorsteuer auf Invest., übriger Aufwand	405 +	22 715[3]	
Einlageentsteuerung (Art. 32)	410 +		
Vorsteuerkorrekturen (Art. 30, 31)	415 –	567[4]	Ziff. 400 bis 420
Vorsteuerkürzungen	420 –		29 648	479
An ESTV zu bezahlender Betrag	500	= **48 345**	
Guthaben der steuerpflichtigen Person	510 =		
Subventionen, Tourismusabgaben etc.	900		
Spenden, Dividenden, Schadenersatz	910		

[1] Drittumsätze 1 750 000 + Privatanteile Angestellte 60 000
[2] Drittumsatz (450 000 ./. Erlösmind. 1000) + Privatanteile Angestellte 60 000
[3] Vorsteuern für Beratung 1540 + Div. Aufwände 19 250 + Investition 1925
[4] Verpflegung Inhaber (154 + 105) + Privatanteil Geschäftsauto Inhaber + 308

6.13 Effektive Abrechnungsmethode und Saldosteuersatzmethode

a)

	Wert exkl. MWST	MWST-Satz	MWST-Betrag
Rechnungen für den Verkauf von Kühlgeräten	8 000	7,7 %	616
Rechnungen für den Einkauf von Kühlgeräten	4 000	7,7 %	308
Rechnungen für sonstigen Betriebsaufwand	1 000	7,7 %	77
Rechnung für den Kauf von Mobiliar	2 000	7,7 %	154

b)

	Soll-Konto		Haben-Konto		Betrag
Handelswarenverkauf	1100	Forderungen L+L	3200	Handelserlöse	8 000
	1100	Forderungen L+L	2200	Umsatzsteuer	616
Handelswareneinkauf	4200	Handelswarenaufwand	2000	Verbindlichkeiten L+L	4 000
	1170	Vorsteuer Material, Waren, DL	2000	Verbindlichkeiten L+L	308
Sonstiger Betriebsaufwand	6700	Sonstiger Betriebsaufwand	2000	Verbindlichkeiten L+L	1 000
	1171	Vorsteuer Invest., übriger Aufwand	2000	Verbindlichkeiten L+L	77
Kauf Mobiliar	1510	Mobiliar	2000	Verbindlichkeiten L+L	2 000
	1171	Vorsteuer Invest., übriger Aufwand	2000	Verbindlichkeiten L+L	154
Umbuchung MWST	2200	Umsatzsteuer	2201	Abrechnungskonto MWST	616
	2201	Abrechnungskonto MWST	1170	Vorsteuer Material, Waren, DL	308
	2201	Abrechnungskonto MWST	1171	Vorsteuer Invest., übriger Aufwand	231
Überweisung an ESTV	2201	Abrechnungskonto MWST	1020	Bankguthaben	77

c)

	Soll-Konto		Haben-Konto		Betrag
Handelswarenverkauf	1100	Forderungen L+L	3200	Handelserlöse	8 616
Handelswareneinkauf	4200	Handelswarenaufwand	2000	Verbindlichkeiten L+L	4 308
Sonstiger Betriebsaufwand	6700	Sonstiger Betriebsaufwand	2000	Verbindlichkeiten L+L	1 077
Kauf Mobiliar	1510	Mobiliar	2000	Verbindlichkeiten L+L	2 154
Verbuchung MWST	3809	MWST Saldosteuersatz	2201	Abrechnungskonto MWST	172[1]
Überweisung an ESTV	2201	Abrechnungskonto MWST	1020	Bankguthaben	172

[1] Die Saldosteuer wird in % des Rechnungsbetrages inkl. MWST berechnet (2,0 % von 8616).

d) In dieser Periode wurde Mobiliar für 2000 gekauft; die Vorsteuer von 154 konnte nach der effektiven Abrechnungsmethode als Vorsteuer abgezogen werden, nicht aber bei der Saldosteuersatzmethode. Investitionen wie der Kauf von Mobiliar finden nicht jedes Jahr statt.

Ausserdem könnte die Kostenstruktur bzw. die Handelsmarge der Frost AG vom Branchendurchschnitt abweichen.

e) Die zum Vorsteuerabzug berechtigten Vorleistungen (z. B. Handelswarenaufwand) sind bei Handelsbetrieben wesentlich höher als in Dienstleistungsbetrieben, wo der nicht zum Vorsteuerabzug berechtigte Personalaufwand den höchsten Anteil am Aufwand ausmacht.

f)

	Aussage	Effektiv	Saldo-steuersatz
1	Die Methode steht allen Steuerpflichtigen zur Verfügung.	X	
2	Die Abrechnung erfolgt vierteljährlich.	X	
3	Rechnungseingänge und Rechnungsausgänge werden brutto verbucht, d.h., die Konten der Grundgeschäfte enthalten die Beträge inkl. MWST.		X
4	Die Abrechnung erfolgt halbjährlich.		X
5	Die Vorsteuern werden effektiv erfasst und am Ende einer Periode mit der Umsatzsteuer verrechnet.	X	
6	Die Rechnungseingänge und Rechnungsausgänge werden netto verbucht, d.h., die Konten der Grundgeschäfte enthalten die Beträge exkl. MWST.	X	
7	Die Vorsteuern werden pauschal durch die Höhe des Steuersatzes berücksichtigt.		X
8	Die Methode kann nur angewandt werden, wenn der Jahresumsatz CHF 5 005 000 nicht übersteigt und der Steuerbetrag nicht grösser als CHF 103 000 ist.		X

6.14 Abrechnung nach der Saldosteuersatzmethode

a)

	Wert exkl. MWST	MWST-Satz	MWST-Betrag
Verkauf von Brillen und Kontaktlinsen gegen Barzahlung	4 600	7,7 %	354
Beratungsleistungen inkl. Sehtests gegen Barzahlung	300	7,7 %	23
Barkauf von Brillenfassungen, Brillengläsern und Kontaktlinsen	1 800	7,7 %	139
Barzahlung sonstiger Betriebsaufwände	400	7,7 %	31
Barkauf eines Gerätes zum Einschleifen der Gläser	750	7,7 %	58

	Soll-Konto		Haben-Konto		Betrag
Handelswarenverkauf	1000	Kasse	3200	Handelserlöse	4 954
Verkauf Beratung	1000	Kasse	3400	Dienstleistungserlöse	323
Wareneinkauf	4200	Handelswarenaufwand	1000	Kasse	1 939
Diverser Betriebsaufwand	6700	Sonstiger Betriebsaufwand	1000	Kasse	431
Gerätekauf	1500	Maschinen	1000	Kasse	808

b)

Umsätze inkl. Umsatzsteuer	5 277	(4954 + 323)
Davon 3,5 % Saldosteuer	185	

c)

	Soll-Konto		Haben-Konto		Betrag
Saldosteuer	3809	MWST Saldosteuersatz	2201	Abrechnungskonto MWST	185

d)

	Umsatzsteuern	377	(354 + 23)
./.	Vorsteuern	−228	(139 + 31 + 58)
=	**Geschuldete MWST**	**149**	

6.15 Vorsteuerkorrektur bei gemischter Verwendung

a)

	Soll-Konto		Haben-Konto		Betrag
Kaufpreis netto	1530	Fahrzeuge	2000	Verbindlichkeiten L+L	50 000
Vorsteuer	1171	Vorsteuer Invest., übriger Aufwand	2000	Verbindlichkeiten L+L	3 850
Vorsteuerkorrektur	1530	Fahrzeuge	1174	Vorsteuerkorrekturen	385

b) CHF 50 385

6.16 Vorsteuerkürzung bei Subventionen

	Soll-Konto		Haben-Konto		Betrag
Sanierungskosten	1600	Liegenschaften	1020	Bankguthaben	10 000
	7519	Übriger Liegenschaftsaufwand	1020	Bankguthaben	10 000
	1171	Vorsteuer Invest., übriger Aufwand	1020	Bankguthaben	1 540
Subvention[1]	1020	Bankguthaben	1600	Liegenschaften	1 000
	1020	Bankguthaben	7519	Übriger Liegenschaftsaufwand	1 000
Vorsteuerkürzung[2]	1600	Liegenschaften	1173	Vorsteuerkürzungen	77
	7519	Übriger Liegenschaftsaufwand	1173	Vorsteuerkürzungen	77

[1] In der Praxis werden Vorsteuerkürzungen aufgrund von Subventionen über diversen Betriebsaufwand gebucht, da die Zuordnung auf einzelne Aufwandarten oft nicht möglich ist.

[2] Die Subventionen entsprechen 10 % der zur Vorsteuer abzugsberechtigten Sanierungskosten, weshalb der Vorsteueranspruch um diese 10 % gekürzt werden muss.

Rechtsformen

7.01   Wahl der Rechtsform

Kriterien	Einzelunternehmung	Kollektivgesellschaft	AG	GmbH
1 Ich will unternehmerische Entscheide alleine fällen können.	X			
2 Ich möchte nicht im Firmennamen genannt werden.			X	X
3 Ich will nicht persönlich haften, sondern höchstens das im Unternehmen investierte Kapital verlieren.			X	X
4 Ich möchte anonym bleiben und nicht im Handelsregister persönlich genannt werden.			X	
5 Ich möchte eine Doppelbesteuerung von Einkommen und Gewinn vermeiden.	X	X		
6 Ich will ab einem gewissen Alter das Eigentum an der Unternehmung Schritt für Schritt an meine Kinder übertragen.			X	
7 Ich will administrativen Aufwand so gut wie möglich vermeiden.	X	X		
8 Ich möchte mir sowohl die Kapitalbeteiligung als auch das Know-how eines Partners zu Nutze machen und die Unternehmung gemeinsam führen, ohne persönlich zu haften.				X
9 Ich verfüge über kapitalkräftige Investoren, die indes nicht selbst in der Unternehmung tätig sein wollen.			X	
10 Ich will mit einem Freund zusammen ein Geschäft betreiben, in dem beide aktiv mitarbeiten. Die solidarische Haftung spielt keine Rolle, da das gegenseitige Vertrauen sehr gross ist.		X		
11 Ich wähle eine Rechtsform, bei der mir die Bank am ehesten Kredit gewährt.	X	X		
12 Ich will mich an einer Gesellschaft beteiligen, ohne durch ein Konkurrenzverbot in meinen Tätigkeiten eingeschränkt zu sein.			X	

7.02   Einzelunternehmung

	Soll-Konto		Haben-Konto		Betrag
Private Bargeldbezüge	2850	Privat	1020	Bankguthaben	700
Begleichung Privatrechnung	2850	Privat	1020	Bankguthaben	10
Eigenkapitalerhöhung	1020	Bankguthaben	2800	Eigenkapital	100
Akontozahlungen AHV	5700	Sozialversicherungsaufwand	1020	Bankguthaben	96
Private Warenbezüge	2850	Privat	1200	Handelswarenvorrat	75
MWST Warenbezüge	2850	Privat	1174	Vorsteuerkorrektur	6
Gutschrift Büromiete	6000	Mietzinsaufwand	2850	Privat	48
Privatanteil Geschäftsfahrzeug	2850	Privat	6270	Privatanteil Fahrzeugaufwand	25
MWST Fahrzeug	2850	Privat	1174	Vorsteuerkorrektur	2
Ausgleich Privatkonto	2800	Eigenkapital	2850	Privat	770
Abgrenzung AHV-Beiträge	5700	Sozialversicherungsaufwand	2300	Passive Rechnungsabgrenzungen	5
Übertrag Gewinn	9000	Gewinn Erfolgsrechnung	2800	Eigenkapital	825

Hauptbuch

	Passive Rechnungs- abgrenzungen	Eigenkapital	Privat		Sozial- versicherungs- aufwand
Anfangsbestände		0	600	0	
Private Bargeldbezüge			700		
Begleichung Privatrechnung			10		
Eigenkapitalerhöhung			100		
Akontozahlungen AHV				96	
Private Warenbezüge			75		
MWST Warenbezüge			6		
Gutschrift Büromiete				48	
Privatanteil Geschäftsfahrzeug			25		
MWST Fahrzeug			2		
Ausgleich Privatkonto		770		770	
Abgrenzung AHV-Beiträge	5				5
Übertrag Gewinn			825		
Salden	5	755	0		101

Ermittlung der Sozialversicherungsbeiträge

	Provisorischer Gewinn gemäss Erfolgsrechnung		830	
./.	Zins auf Anfangsbestand Eigenkapital	0,5 % von 600	– 3	
=	**AHV-Berechnungsgrundlage**		**827**	**90,35 %**
+	Persönliche AHV/IV/EO-Beiträge		88	9,65 %
=	**Beitragspflichtiges Einkommen**		**915**	**100,00 %**

	AHV/IV/EO-Beiträge	9,65 % von 915	88
+	FAK-Beitrag 1,2 %	1,2 % von 915	11
+	Verwaltungskosten-Beitrag 2,5 %	2,5 % von 88	2
=	**Total Sozialversicherungsbeiträge**		**101**
./.	Akontozahlungen		– 96
=	**Noch geschuldete Sozialversicherungsbeiträge**		**5**

7.03 Einzelunternehmung

	Soll-Konto		Haben-Konto		Betrag
Private Bargeldbezüge	2850	Privat	1020	Bankguthaben	700
Kreditverkäufe	1100	Forderungen L+L	3200	Handelserlöse	5 000
	1100	Forderungen L+L	2200	Umsatzsteuer	385
	4200	Handelswarenaufwand	1200	Handelswarenvorrat	3 200
Kundenzahlungen	3800	Skonti und Rabatte	1100	Forderungen L+L	200
	2200	Umsatzsteuer	1100	Forderungen L+L	15
	1020	Bankguthaben	1100	Forderungen L+L	4 308
Akontozahlungen AHV	5700	Sozialversicherungsaufwand	1020	Bankguthaben	148
Eigenkapitalerhöhung	1020	Bankguthaben	2800	Eigenkapital	200
Private Warenbezüge	2850	Privat	1200	Handelswarenvorrat	150
MWST Warenbezüge	2850	Privat	1174	Vorsteuerkorrektur	12
Privatanteil Geschäftsfahrzeug	2850	Privat	6270	Privatanteil Fahrzeugaufwand	50
MWST Fahrzeug	2850	Privat	1174	Vorsteuerkorrektur	4
Ausgleich Privatkonto	2800	Eigenkapital	2850	Privat	916
Abgrenzung AHV-Beiträge	1300	Aktive Rechnungsabgrenzung	5700	Sozialversicherungsaufwand	3
Übertrag Gewinn	9000	Gewinn Erfolgsrechnung	2800	Eigenkapital	1 203

7.04 Einzelunternehmung

a)

	Soll-Konto		Haben-Konto		Betrag
Begleichung Privatrechnung	2850	Privat	1020	Bankguthaben	6
Private Warenbezüge	2850	Privat	1200	Handelswarenvorrat	25
MWST Warenbezüge	2850	Privat	1174	Vorsteuerkorrektur	2
Akontozahlungen AHV	5700	Sozialversicherungsaufwand	1020	Bankguthaben	10
Private Bargeldbezüge	2850	Privat	1020	Bankguthaben	50
Gutschrift Lagerraum	6000	Mietzinsaufwand	2850	Privat	24
Privatanteil Geschäftsfahrzeug	2850	Privat	6270	Privatanteil Fahrzeugaufwand	12
MWST Fahrzeug	2850	Privat	1174	Vorsteuerkorrektur	1
Ausgleich Privatkonto	2800	Eigenkapital	2850	Privat	72
Abgrenzung AHV-Beiträge	5700	Sozialversicherungsaufwand	2300	Passive Rechnungsabgrenzungen	1
Übertrag Gewinn	9000	Gewinn Erfolgsrechnung	2800	Eigenkapital	89

b) 89

c) 89

d)

	Eigenlohn	100
+	Eigenzins 10 % von 200	20
./.	Verlust	− 31
=	Unternehmereinkommen	89

7.05 Kollektivgesellschaft

	Soll-Konto		Haben-Konto		Betrag
Private Bargeldbezüge Hinz	2850	Privat Hinz	1020	Bankguthaben	105
Private Bargeldbezüge Kunz	2851	Privat Kunz	1020	Bankguthaben	80
Akontozahlungen AHV Hinz	5700	Sozialversicherungsaufwand Hinz	1020	Bankguthaben	14
Akontozahlungen AHV Kunz	5701	Sozialversicherungsaufwand Kunz	1020	Bankguthaben	12
Privater Warenbezug Hinz	2850	Privat Hinz	3200	Handelserlöse	12
MWST Warenbezug Hinz	2850	Privat Hinz	2200	Umsatzsteuer	1
Abgrenzung AHV Hinz	5700	Sozialversicherungsaufwand Hinz	2300	Passive Rechnungsabgrenzungen	1
Abgrenzung AHV Kunz	1300	Aktive Rechnungsabgrenzungen	5701	Sozialversicherungsaufwand Kunz	1
Geschäftseinkommen Hinz	9000	Gewinn Erfolgsrechnung	2850	Privat Hinz	129
Geschäftseinkommen Kunz	9000	Gewinn Erfolgsrechnung	2851	Privat Kunz	93

	Kapital Hinz	Kapital Kunz	Privat Hinz	Privat Kunz	Soz'aufwand Hinz	Soz'aufwand Kunz
Anfangsbestände	500	300	8	10		
Private Bargeldbezüge			105	80		
Akontozahlungen AHV					14	12
Privater Warenbezug Hinz			12			
MWST Warenbezug Hinz			1			
Abgrenzungen AHV					1	1
Geschäftseinkommen			129	93		
Salden	**500**	**300**	**19**	**3**	**15**	**11**

Berechnung der Gewinnanteile

	Provisorischer Unternehmensgewinn		222
./.	Eigenlöhne beider Gesellschafter	90 + 60	–150
./.	Eigenzinsen beider Gesellschafter	4 % von (500 + 300)	– 32
=	**Gewinnanteile beider Gesellschafter**		**40**
	■ Davon Hinz		20
	■ Davon Kunz		20

Gesellschafter Hinz

	Eigenlohn		90
+	Eigenzins	4 % • 500	20
+	Gewinnanteil		20
=	**Einkommen provisorisch**		**130**
./.	1 % Zins auf Anfangskapital	1 % • 500	– 5
=	**AHV-Berechnungsgrundlage**	90,35 %	**125**
+	Persönliche AHV/IV/EO-Beiträge	9,65 %	13
=	**Beitragspflichtiges Einkommen**	100,00 %	**138**

	AHV/IV/EO-Beiträge	9,65 % • 138	13
+	FAK-Beitrag 1,1 %	1,1 % • 138	2
+	Verwaltungskosten-Beitrag 2 %	2 % • 13	0
=	**Total Sozialversicherungsbeiträge**		**15**
./.	AHV Akontozahlungen		–14
=	**Passive Rechnungsabgrenzung**		**1**

Gesellschafter Kunz

	Eigenlohn		60
+	Eigenzins	4 % • 300	12
+	Gewinnanteil		20
=	**Einkommen provisorisch**		**92**
./.	1 % Zins auf Anfangskapital	1 % • 300	– 3
=	**AHV-Berechnungsgrundlage**	90,35 %	**89**
+	Persönliche AHV/IV/EO-Beiträge	9,65 %	10
=	**Beitragspflichtiges Einkommen**	100,00 %	**99**

	AVH/IV/EO-Beträge	9,65 % • 99	10
+	FAK-Beitrag 1,1 %	1,1 % • 99	1
+	Verwaltungskosten-Beitrag 2 %	2 % • 10	0
=	**Total Sozialversicherungsbeiträge**		**11**
./.	AHV Akontozahlungen		–12
=	**Aktive Rechnungsabgrenzung**		**– 1**

Geschäftseinkommen Hinz

	Eigenlohn	90
+	Eigenzins	20
+	Gewinnanteil	20
./.	Abgrenzung Sozialversicherungsbeiträge	– 1
=	**Geschäftseinkommen**	**129**

Geschäftseinkommen Kunz

	Eigenlohn	60
+	Eigenzins	12
+	Gewinnanteil	20
+	Abgrenzung Sozialversicherungsbeiträge	1
=	**Geschäftseinkommen**	**93**

7.06 Kollektivgesellschaft

	Soll-Konto		Haben-Konto		Betrag
Private Bargeldbezüge Baur	2850	Privat Baur	1020	Bankguthaben	140
Private Bargeldbezüge Graf	2851	Privat Graf	1020	Bankguthaben	120
Akontozahlungen AHV Baur	5700	Sozialversicherungsaufwand Baur	1020	Bankguthaben	22
Akontozahlungen AHV Graf	5701	Sozialversicherungsaufwand Graf	1020	Bankguthaben	15
Private Warenbezüge Graf	2851	Privat Graf	3200	Handelserlöse	25
MWST Warenbezug Graf	2851	Privat Graf	2200	Umsatzsteuer	2
Warenaufwand	4200	Handelswarenaufwand	1200	Handelswarenvorrat	16
Privatanteil Fahrzeug Baur	2850	Privat Baur	6270	Privatanteil Fahrzeugaufwand	12
MWST Fahrzeug Baur	2850	Privat Baur	2200	Umsatzsteuer	1
Abgrenzung AHV Baur	1300	Aktive Rechnungsabgrenzungen	5700	Sozialversicherungsaufwand Baur	2
Abgrenzung AHV Graf	5701	Sozialversicherungsaufwand Graf	2300	Passive Rechnungsabgrenzungen	1
Geschäftseinkommen Baur	9000	Gewinn Erfolgsrechnung	2850	Privat Baur	172
Geschäftseinkommen Graf	9000	Gewinn Erfolgsrechnung	2851	Privat Graf	129

Berechnung der Gewinnanteile

	Provisorischer Unternehmensgewinn		300
./.	Eigenlöhne beider Gesellschafter	80 + 80	−160
./.	Eigenzinsen beider Gesellschafter	10 % von (600 + 200)	− 80
=	**Gewinnanteile beider Gesellschafter**		**60**

Gesellschafter Baur

	Eigenlohn	80
+	Eigenzins	60
+	Gewinnanteil	30
=	**Einkommen provisorisch**	**170**
./.	0,5 % Zins auf Anfangskapital	− 3
=	**AHV-Berechnungsgrundlage**	**167**
+	Persönliche AHV/IV/EO-Beiträge	18
=	**Beitragspflichtiges Einkommen**	**185**

	AHV/IV/EO-Beiträge	18
+	FAK-Beitrag	2
+	Verwaltungskosten-Beitrag	0
=	**Total Sozialversicherungsbeiträge**	**20**
./.	Akontozahlungen	−22
=	**Aktive Rechnungsabgrenzung**	**− 2**

Geschäftseinkommen Baur

	Eigenlohn	80
+	Eigenzins	60
+	Gewinnanteil	30
+	Abgrenzung Sozialversicherungsbeiträge	2
=	**Geschäftseinkommen**	**172**

Gesellschafter Graf

	Eigenlohn	80
+	Eigenzins	20
+	Gewinnanteil	30
=	**Einkommen provisorisch**	**130**
./.	0,5 % Zins auf Anfangskapital	− 1
=	**AHV-Berechnungsgrundlage**	**129**
+	Persönliche AHV/IV/EO-Beiträge	14
=	**Beitragspflichtiges Einkommen**	**143**

	AHV/IV/EO-Beiträge	14
+	FAK-Beitrag	2
+	Verwaltungskosten-Beitrag	0
=	**Total Sozialversicherungsbeiträge**	**16**
./.	Akontozahlungen	−15
=	**Passive Rechnungsabgrenzung**	**1**

Geschäftseinkommen Graf

	Eigenlohn	80
+	Eigenzins	20
+	Gewinnanteil	30
./.	Abgrenzung Sozialversicherungsbeiträge	− 1
=	**Geschäftseinkommen**	**129**

7.07 Gründung Aktiengesellschaft

	Soll-Konto		Haben-Konto		Betrag
Zeichnung Aktienkapital	1161	Aktionäre	2800	Aktienkapital	1 500
Barliberierung	1020	Bankguthaben	1161	Aktionäre	300
Sacheinlage	1600	Liegenschaften	1161	Aktionäre	450
Nicht einbezahltes AK	1800	Nicht einbezahltes Aktienkapital	1161	Aktionäre	750
Gründungskosten	8500	Ausserordentlicher Aufwand	1020	Bankguthaben	20

Hauptbuch

	Bank-guthaben	Aktionäre	Liegen-schaften	Nicht ein-bezahltes AK	Aktienkapital	Ausser-ordentlicher Aufwand
Zeichnung Aktienkapital		1 500			1 500	
Barliberierung	300	300				
Sacheinlage		450	450			
Nicht einbezahltes AK		750		750		
Gründungskosten	20					20
Salden	**280**	**0**	**450**	**750**	**1 500**	**20**

7.08 Ordentliche Aktienkapitalerhöhung

a)

Emissionsabgabe in TCHF

	Brutto-Emissionserlös	720	
./.	Übrige Emissionskosten	– 13	
=	Netto-Erlös vor Abzug der Emissionsabgabe	707	101 %
./.	Emissionsabgabe	– 7	1 %
=	Netto-Erlös nach Abzug der Emissionsabgabe	700	100 %

b)

	Soll-Konto		Haben-Konto		Betrag
Aktienkapital	1161	Aktionäre	2800	Aktienkapital	500
Agio	1161	Aktionäre	2905	Kapitaleinlagereserven	220
Barliberierung	1020	Bankguthaben	1161	Aktionäre	720
Emissionskosten	8500	Ausserordentlicher Aufwand	1020	Bankguthaben	20

Hauptbuch

	Bank-guthaben	Aktionäre	Aktienkapital	Kapitalein-lagereserven	Ausser-ordentlicher Aufwand
Salden vor Kapitalerhöhung			1 000		
Aktienkapital		500	500		
Agio		220		220	
Barliberierung	720	720			
Emissionskosten	20				20
Salden	**700**	**0** **1 500**		**220**	**20**

c) Einlagen in die gesetzliche Kapitalreserve können steuerfrei ausgeschüttet werden, sofern diese bei der Buchführung auf dem separaten Konto *2905 Kapitaleinlagereserven* erfasst und der ESTV gemeldet werden. In der Jahresrechnung wird dieses Konto als gesetzliche Kapitalreserve ausgewiesen (vgl. Mindestgliederungsvorschriften von OR 959a).

7.09   Bezugsrecht

a)

Bilanzwert vor Kapitalerhöhung	$\dfrac{\text{Eigenkapital}}{\text{Anzahl Aktien}}$	$\dfrac{5000}{100}$	50

b) Wie lautet die Bilanz nach Kapitalerhöhung?

Bilanz nach Kapitalerhöhung

Aktiven	9 750	Fremdkapital	4 000
		Aktienkapital	2 500
		Reserven	3 250

c)

Bilanzwert nach Kapitalerhöhung	$\dfrac{\text{Eigenkapital}}{\text{Anzahl Aktien}}$	$\dfrac{5750}{125}$	46

d)

Fall 1

Aktionär X besitzt 4 alte Aktien und kauft 1 neue.

	Bilanzwert 4 alte Aktien	200
+	Kaufpreis 1 neue Aktie	30
=	Bilanzwert von 5 Aktien	230
	Bilanzwert je Aktie nach Kapitalerhöhung	46

Aktionär X erzielt auf der neuen Aktie einen Wertzuwachs von 16 (46 – 30).

Dieser Wertzuwachs entspricht dem Verlust an Bilanzwert auf den alten Aktien (4 alte Aktien zu 4 Bilanzwertverlust).

Fall 2

Aktionär Y besitzt 3 alte Aktien und kauft 1 neue. Das fehlende Bezugsrecht kauft er von Aktionär Z.

	Bilanzwert 3 alte Aktien	150
+	Kauf 1 Bezugsrecht	4
+	Kaufpreis 1 neue Aktie	30
=	Bilanzwert von 4 Aktien	184
	Bilanzwert je Aktie nach Kapitalerhöhung	46

Aktionär Y kauft ein Bezugsrecht für 4, was den Kaufpreis für eine neue Aktie auf 34 erhöht.

Der Wertzuwachs der neuen Aktie beträgt 12 (46 – 34), was dem Bilanzwertverlust auf den 3 alten Aktien entspricht (3 alte Aktien zu 4 Bilanzwertverlust).

Fall 3

Aktionär Z besitzt 1 alte Aktie. Er beteiligt sich nicht an der Kapitalerhöhung und verkauft sein Bezugsrecht.

	Bilanzwert alte Aktie	50
./.	Verkauf Bezugsrecht	– 4
=	Bilanzwert der Aktie nach Kapitalerhöhung	46

Aktionär Z wird für den Bilanzwertverlust auf seiner alten Aktie durch den Verkauf des Bezugsrechts von 4 entschädigt.

7.10   Bezugsrecht

a)

Bilanzwert vor Kapitalerhöhung	Eigenkapital / Anzahl Aktien	1000 / 40	25

b)

Bilanz nach Kapitalerhöhung

Aktiven	2 050	Fremdkapital	900
		Aktienkapital	500
		Reserven	650

c)

Bilanzwert nach Kapitalerhöhung	Eigenkapital / Anzahl Aktien	1150 / 50	23

d) Das Bezugsverhältnis beträgt 4:1, d.h., ein Aktionär mit 4 alten Aktien hat das Bezugs-recht auf den Kauf von 1 neuen Aktie.

e)

	Wert von 4 alten Aktien	4 • 25	100
+	Kaufpreis für 1 neue Aktie		15
=	Wert von 5 Aktien nach Kapitalerhöhung		115
	Wert je Aktie nach Kapitalerhöhung	115 : 5	23

f) Der Wert eines Bezugsrechts beträgt 2.

- Der Wert eines Bezugsrechts entspricht dem Wertverlust der bisherigen Aktien von 2 (Bilanzwert vor Kapitalerhöhung 25 ./. Bilanzwert nach Kapitalerhöhung 23).
- Für den Kauf einer neuen Aktie für 15 werden vier Bezugsrechte benötigt. Nach der Kapitalerhöhung hat die neue Aktie einen Bilanzwert von 23. Die Wertsteigerung beträgt 8, d.h. 2 je Bezugsrecht.

g)

	Wert von 5 alten Aktien	5 • 25	125
+	Kaufpreis für 2 neue Aktien	2 • 15	30
+	Kaufpreis für 3 Bezugsrechte	3 • 2	6
=	Wert von 7 Aktien nach Kapitalerhöhung		161
	Wert je Aktie nach Kapitalerhöhung	161 : 7	23

h)

	Wert von 15 alten Aktien	15 • 25	375
+	Kaufpreis für 3 neue Aktien	3 • 15	45
./.	Verkaufspreis für 3 Bezugsrechte	3 • 2	– 6
=	Wert von 18 Aktien nach Kapitalerhöhung		414
	Wert je Aktie nach Kapitalerhöhung	414 : 18	23

7.11 Kapitalherabsetzung durch Nennwertreduktion und Auszahlung

a)

	Soll-Konto	Haben-Konto	Betrag
Nennwertreduktion	2800 Aktienkapital	1020 Bankguthaben	50

b)

Bilanz nach Kapitalherabsetzung

Bankguthaben	350	Fremdkapital	600
Diverse Aktien	1 200	Aktienkapital	450
		Gesetzliche Gewinnreserve	200
		Freiwillige Gewinnreserven	300

c) Die Auszahlung an die Aktionäre durch Reduktion des Nennwerts der Aktien ist steuerfrei.

d) Die wichtigsten Gründe sind:

- Die Nennwertherabsetzung stellt eine steuerfreie Gewinnausschüttung dar.
- Die Liquidität ist zu hoch und bringt wenig Ertrag.
- Durch die Verkleinerung des Eigenkapitals steigt die Eigenkapitalrendite.

7.12 Kapitalherabsetzung durch Aktienrückkauf und Vernichtung

a)

	Soll-Konto	Haben-Konto	Betrag
Rückkauf netto	2980 Eigene Aktien	1020 Bankguthaben	230
Verrechnungssteuer	2980 Eigene Aktien	2206 Verrechnungssteuerschuld	70
Vernichtung Aktienkapital	2800 Aktienkapital	2980 Eigene Aktien	100
Belastung Gewinnreserven	2960 Freiwillige Gewinnreserven	2980 Eigene Aktien	200
Überweisung VSt	2206 Verrechnungssteuerschuld	1020 Bankguthaben	70

b)

Bilanz nach Kapitalherabsetzung

Bankguthaben	100	Fremdkapital	600
Diverse Aktien	1 200	Aktienkapital	400
		Gesetzliche Gewinnreserve	200
		Freiwillige Gewinnreserven	100

c) Die Differenz von 20 zwischen dem Rückkaufspreis von 30 und dem Nominalwert von 10 stellt eine Gewinnausschüttung zulasten der freiwilligen Gewinnreserven dar und ist deshalb verrechnungssteuerpflichtig (35 % von 20 = 7). Die Nominalwertrückzahlung von 10 ist steuerfrei.

d)

Eigenkapitalrendite vor Kapitalherabsetzung	$\dfrac{\text{Gewinn}}{\text{Eigenkapital}}$	$\dfrac{105}{1000}$	10,5 %

Eigenkapitalrendite nach Kapitalherabsetzung	$\dfrac{\text{Gewinn}}{\text{Eigenkapital}}$	$\dfrac{105}{700}$	15 %

7.13 Kauf eigener Aktien und spätere Vernichtung

a)

	Soll-Konto	Haben-Konto	Betrag
Rückkauf netto	2980 Eigene Aktien	1020 Bankguthaben	115

b) Wie lautet die Bilanz nach dem Rückkauf eigener Aktien?

Bilanz nach Rückkauf eigener Aktien

Bankguthaben	285	Fremdkapital	600
Diverse Aktien	1 350	Aktienkapital	500
		Gesetzliche Gewinnreserve	200
		Freiwillige Gewinnreserven	450
		./. Eigene Aktien	−115

c) Nach OR 659 dürfen eigene Aktien grundsätzlich nur im Umfang von 10 % des Aktienkapitals erworben werden.

d)

	Rückkaufpreis	5 Aktien zu 23	115	
./.	Nominalwert	5 Aktien zu 10	− 50	
=	Gewinnausschüttung	5 Aktien zu 13	65	65 %
+	Verrechnungssteuer		35	35 %
=	Belastung Gewinnreserven		100	100 %

e)

	Soll-Konto	Haben-Konto	Betrag
Vernichtung Aktienkapital	2800 Aktienkapital	2980 Eigene Aktien	50
Belastung Gewinnreserven	2960 Freiwillige Gewinnreserven	2980 Eigene Aktien	65
Zahlung Verrechnungssteuer	2960 Freiwillige Gewinnreserven	1020 Bankguthaben	35

7.14 Gewinnverbuchung und Gewinnverwendung

a)

	Soll-Konto		Haben-Konto		Betrag
Übertrag Jahresgewinn	9000	Gewinn Erfolgsrechnung	2970	Gewinnvortrag	40

b)

Gewinnverwendungsplan

	Anfangsbestand Gewinnvortrag	80
./.	5 % Zuweisung gesetzliche Gewinnreserve	– 2
./.	5 % Grunddividende	–10
./.	25 % Zusatzdividende (Superdividende)	–50
./.	10 % Zuweisung gesetzliche Gewinnreserve	– 5
=	Schlussbestand Gewinnvortrag	13

c)

	Soll-Konto		Haben-Konto		Betrag
Reservenzuweisung	2970	Gewinnvortrag	2950	Gesetzliche Gewinnreserve	7
Dividendenzuweisung	2970	Gewinnvortrag	2261	Dividendenschuld	60
Verrechnungssteuer	2261	Dividendenschuld	2206	Verrechnungssteuerschuld	21
Dividendenauszahlung	2261	Dividendenschuld	1020	Bankguthaben	39
Zahlung Verrechnungssteuer	2206	Verrechnungssteuerschuld	1020	Bankguthaben	21

	Bank-guthaben	Verrechnungs-steuerschuld	Dividenden-schuld	Aktienkapital	Gesetzliche Gewinn-reserve	Gewinn-vortrag
Bestand vor Gewinnverwend.	150			200	30	80
Reservenzuweisung					7	7
Dividendenzuweisung			60			60
Verrechnungssteuer		21	21			
Dividendenauszahlung	39		39			
Zahlung Verrechnungssteuer	21	21				
Salden	90	0	0	200	37	13

7.15 Gewinnverwendung

a)

Gewinnverwendungsplan

	Anfangsbestand Gewinnvortrag	129
./.	5 % Zuweisung gesetzliche Gewinnreserve[1]	0
./.	5 % Grunddividende	−30
./.	15 % Zusatzdividende (Superdividende)	−90
./.	Zuweisung gesetzliche Gewinnreserve[2]	− 4
=	Schlussbestand Gewinnvortrag	5

b)

	Soll-Konto		Haben-Konto		Betrag
Reservenzuweisung	2970	Gewinnvortrag	2950	Gesetzliche Gewinnreserve	4
Dividendenzuweisung	2970	Gewinnvortrag	2261	Dividendenschuld	120
Verrechnungssteuer	2261	Dividendenschuld	2206	Verrechnungssteuerschuld	42
Dividendenauszahlung	2261	Dividendenschuld	1020	Bankguthaben	78
Zahlung Verrechnungssteuer	2206	Verrechnungssteuerschuld	1020	Bankguthaben	42

	Bank-guthaben	Verrechnungs-steuerschuld	Dividenden-schuld	Aktienkapital	Gesetzliche Gewinn-reserve	Gewinn-vortrag
Bestand vor Gewinnverwend.	200				600	296	129
Reservenzuweisung						4	4
Dividendenzuweisung			120				120
Verrechnungssteuer		42	42				
Dividendenauszahlung	78		78				
Zahlung Verrechnungssteuer	42	42					
Salden	**80**	**0**	**0**	**600**	**300**	**5**

c)

	Soll-Konto		Haben-Konto		Betrag
Nettodividende	1020	Bankguthaben	6952	Dividenden- und Zinsertrag	26
Verrechnungssteuer	1176	Verrechnungssteuerguthaben	6952	Dividenden- und Zinsertrag	14

d) Bei der Aktiengesellschaft ist die Haftung auf das Gesellschaftsvermögen beschränkt. Durch eine Beschränkung der Gewinnausschüttung soll das Vermögen gestärkt werden.

[1] Grundsätzlich müssten 5 % des Jahresgewinns der gesetzlichen Gewinnreserven zugewiesen werden; das wären hier 6. Diese Reservezuweisung muss aber nur geleistet werden, bis die gesetzliche Gewinnreserve 20 % des *einbezahlten* Aktienkapitals beträgt.

[2] Grundsätzlich müssten von der Zusatzdividende 10 % gesetzliche Gewinnreserven gebildet werden, das wären hier 9. Diese zusätzliche Reservezuweisung muss indes nur geleistet werden, bis die gesetzliche Gewinnreserve 50 % des *gesamten* Aktienkapitals erreicht hat, was hier mit 300 der Fall ist.

7.16 Gewinnverwendung

Gewinnverwendungspläne 20_6

		Aadorf AG	Baden AG	Chur AG
	Anfangsbestand Gewinnvortrag	120	172	82
./.	Erste Zuweisung gesetzliche Gewinnreserve	– 2	0	0
./.	Grunddividende	– 25	– 40	–25
./.	Zusatzdividende (Superdividende)	(16 %) – 80	(15 %) –120	(10 %) –50
./.	Zweite Zuweisung gesetzliche Gewinnreserve	– 8	– 5	– 5
=	Schlussbestand Gewinnvortrag	5	7	2

7.17 Verbuchung Verlustvortrag

Variante 1

	Soll-Konto		Haben-Konto		Betrag
Freiwillige Gewinnreserve	2960	Freiwillige Gewinnreserven	2970	Verlustvortrag	30
Gesetzliche Gewinnreserve	2950	Gesetzliche Gewinnreserve	2970	Verlustvortrag	5

Eigenkapital nach der Generalversammlung

Aktienkapital	100
Gesetzliche Gewinnreserve	15
Total	115

Variante 2

	Soll-Konto		Haben-Konto		Betrag
Freiwillige Gewinnreserve	2960	Freiwillige Gewinnreserven	2970	Verlustvortrag	30

Eigenkapital nach der Generalversammlung

Aktienkapital	100
Gesetzliche Gewinnreserve	20
Verlustvortrag	– 5
Total	115

7.18   Gewinnverbuchung und Gewinnverwendung bei der GmbH

a)

	Soll-Konto		Haben-Konto		Betrag
Übertrag Jahresgewinn	9000	Gewinn Erfolgsrechnung	2970	Gewinnvortrag	36 000

b)

Gewinnverwendungsplan

	Anfangsbestand Gewinnvortrag		39 600
./.	5 % Zuweisung gesetzliche Gewinnreserve		− 200
./.	5 % Grunddividende		− 1 000
./.	Zusatzdividende (Superdividende)		−27 000
./.	10 % Zuweisung gesetzliche Gewinnreserve		− 2 700
=	Schlussbestand Gewinnvortrag		8 700

c)

	Soll-Konto		Haben-Konto		Betrag
Reservenzuweisung	2970	Gewinnvortrag	2950	Gesetzliche Gewinnreserve	2 900
Dividendenzuweisung	2970	Gewinnvortrag	2261	Dividendenschuld	28 000
Verrechnungssteuer	2261	Dividendenschuld	2206	Verrechnungssteuerschuld	9 800
Dividendenauszahlung	2261	Dividendenschuld	1020	Bankguthaben	18 200
Zahlung Verrechnungssteuer	2206	Verrechnungssteuerschuld	1020	Bankguthaben	9 800

	Bank-guthaben		Verrechnungs-steuerschuld		Dividenden-schuld		Stammkapital	Gesetzliche Gewinn-reserve		Gewinn-vortrag	
Bestand vor Gewinnverwend.	50 000						20 000	3 800		39 600	
Reservenzuweisung								2 900	2 900		
Dividendenzuweisung					28 000					28 000	
Verrechnungssteuer			9 800	9 800							
Dividendenauszahlung	18 200				18 200						
Zahlung Verrechnungssteuer	9 800	9 800									
Salden	22 000	0		0		20 000		6 700		8 700	

7.19 GmbH

Es bestehen folgende Mängel:

- Eine GmbH erlangt ihre Rechtspersönlichkeit erst durch den Eintrag ins Handelsregister (OR 779).[1]
- Die Firma muss in allen Fällen die Bezeichnung *GmbH* enthalten (OR 950).
- In der Übersicht über das Eigenkapital am 01.01.20_5 sind die CHF 15 000 als *Stammkapital* zu bezeichnen.
- Das Stammkapital muss mindestens CHF 20 000 betragen (OR 773).
- Das Stammkapital muss vollständig liberiert sein (OR 777c).
- Die Stammanteile müssen mindestens CHF 100 betragen (OR 774).
- Die Versammlung der Gesellschafter bei der GmbH heisst *Gesellschafterversammlung,* nicht Generalversammlung wie bei der Aktiengesellschaft.
- Die Gesellschafterversammlung muss innerhalb von sechs Monaten nach dem Jahresabschluss stattfinden (OR 805).
- Für die Reservebildung gelten dieselben Vorschriften wie für die Aktiengesellschaft, d.h., es darf nicht der ganze Gewinn ausgeschüttet werden (OR 801).
- Bei der Gewinnausschüttung muss die GmbH 35 % Verrechnungssteuer abziehen und an die eidg. Steuerverwaltung überweisen.
- Die GmbH unterliegt als juristische Person unabhängig vom Umsatz der Buchführungspflicht (OR 957).

[1] In Wirklichkeit besteht die von den Gesellschaftern abgestrebte GmbH gar nicht, sondern es handelt sich rechtlich um eine Kollektivgesellschaft.

Jahresabschluss

8.01 Aktive Rechnungsabgrenzung

a)

		Soll-Konto		Haben-Konto		Betrag
01.10.20_1	Zahlung	6200	Fahrzeugaufwand	1020	Bankguthaben	1 200
31.12.20_1	Abgrenzung	1300	Aktive Rechnungsabgrenzungen	6200	Fahrzeugaufwand	900
01.01.20_2	Rückbuchung	6200	Fahrzeugaufwand	1300	Aktive Rechnungsabgrenzungen	900
01.10.20_2	Zahlung	6200	Fahrzeugaufwand	1020	Bankguthaben	1 200
31.12.20_2	Abgrenzung	1300	Aktive Rechnungsabgrenzungen	6200	Fahrzeugaufwand	900
01.01.20_3	Rückbuchung	6200	Fahrzeugaufwand	1300	Aktive Rechnungsabgrenzungen	900
01.10.20_3	Zahlung	6200	Fahrzeugaufwand	1020	Bankguthaben	1 300
31.12.20_3	Abgrenzung	1300	Aktive Rechnungsabgrenzungen	6200	Fahrzeugaufwand	975

b)

Variante 1: mit Rückbuchung

		Aktive Rechnungsabgrenzungen		Fahrzeugaufwand	
01.10.20_1	Zahlung			1 200	
31.12.20_1	Abgrenzung	900			900
31.12.20_1	**Salden**		900	900	300
01.01.20_2	**Eröffnung**	900			
01.01.20_2	Rückbuchung		900	900	
01.10.20_2	Zahlung			1 200	
31.12.20_2	Abgrenzung	900			900
31.12.20_2	**Salden**		900		1 200
01.01.20_3	**Eröffnung**	900			
01.01.20_3	Rückbuchung		900	900	
01.10.20_3	Zahlung			1 300	
31.12.20_3	Abgrenzung	975			975
31.12.20_3	**Salden**		975		1 225

Variante 2: ohne Rückbuchung

		Aktive Rechnungsabgrenzungen		Fahrzeugaufwand	
01.10.20_1	Zahlung			1 200	
31.12.20_1	Abgrenzung	900			900
31.12.20_1	**Salden**		900		300
01.01.20_2	**Eröffnung**	900			
01.10.20_2	Zahlung			1 200	
31.12.20_2	**Salden**		900		1 200
01.01.20_3	**Eröffnung**	900			
01.10.20_3	Zahlung			1 300	
31.12.20_3	Abgrenzung	75			75
31.12.20_3	**Salden**		975		1 225

c) Es besteht Ende Jahr ein Leistungsguthaben in Form des Versicherungsschutzes für 9 Monate.

d) Beide Buchungsvarianten führen zum selben Ergebnis:

- Das Konto *Fahrzeugaufwand* zeigt den zeitlich korrekt abgegrenzten Aufwand.

- Im Konto *Aktive Rechnungsabgrenzungen* wird Ende Jahr das bestehende Leistungs-guthaben ausgewiesen.

Üblicherweise führt die *Buchhaltungs*-Software nach Eröffnung eines neuen Jahres automatisch eine Rückbuchung durch. Dies ist einfach und übersichtlich, weil am Jahresende immer die korrekte zeitliche Abgrenzung neu bestimmt und verbucht werden kann. Da die meisten zeitlichen Abgrenzungen von Jahr zu Jahr schwanken, ist diese Methode am zweckmässigsten.

Die Variante ohne Rückbuchung ist theoretisch dann einfacher, wenn die Beträge der Abgrenzung von Jahr zu Jahr konstant sind, was nicht häufig ist.

Eine gleichzeitige Anwendung der beiden Methoden (mit Rückbuchung, wenn die Beträge schwanken; ohne Rückbuchung, wenn die Beträge konstant sind) wird nicht empfohlen, da die Gefahr von Fehlern gross ist.

8.02 Passive Rechnungsabgrenzung

a)

		Soll-Konto		Haben-Konto		Betrag
31.12.20_1	Abgrenzung	6100	Aufwand URE	2300	Passive Rechnungsabgrenzungen	1 100

b)

		Soll-Konto		Haben-Konto		Betrag
01.01.20_2	Rückbuchung	2300	Passive Rechnungsabgrenzungen	6100	Aufwand URE	1 100
28.02.20_2	Rechnung	6100	Aufwand URE	2000	Verbindlichkeiten L+L	1 000
		1171	Vorsteuer Invest., übriger Aufwand	2000	Verbindlichkeiten L+L	77
31.03.20_2	Zahlung	2000	Verbindlichkeiten L+L	1020	Bankguthaben	1 077

c) Die Differenz zwischen der effektiven Rechnung und der zeitlichen Abgrenzung beruht auf einem Schätzfehler, der nicht korrigiert wird, da das alte Jahr bereits abgeschlossen ist.

8.03 Rechnungsabgrenzungen

a)

	Soll-Konto		Haben-Konto		Betrag
1 Fahrzeugreparatur	6200	Fahrzeugaufwand	2300	Passive Rechnungsabgrenzungen	7
2 Mietzins Büro	1300	Aktive Rechnungsabgrenzung	6000	Mietzinsaufwand	20
3 Zins Mitarbeiterdarlehen	1300	Aktive Rechnungsabgrenzung	6950	Zinsertrag	1
4 Fahrzeugversicherung	1300	Aktive Rechnungsabgrenzung	6200	Fahrzeugaufwand	2
5 Mietzins Garage	7500	Mietzinsertrag	2300	Passive Rechnungsabgrenzungen	8
6 Schulungen	3400	Dienstleistungserlöse	2300	Passive Rechnungsabgrenzungen	10
7 Revisionshonorar	6500	Verwaltungsaufwand	2300	Passive Rechnungsabgrenzungen	9

b) Nr. 3 ist ein aufgelaufener Ertrag: Ein Geldfluss hat noch nicht stattgefunden; der Ertrag wurde indes teilweise in der laufenden Periode erzielt und muss nachgetragen werden (Ertragsnachtrag). Die aktive Rechnungsabgrenzung stellt ein Geldguthaben dar; der Mitarbeiter wird den Zins am 31.08.20_7 zahlen.

Nr. 4 ist ein vorausbezahlter Aufwand: Der Geldfluss hat bereits stattgefunden; er betrifft aber nur teilweise die laufende Periode. Deshalb wird ein Teil des Aufwands auf die nächste Periode vorgetragen (Aufwandsvortrag). Die aktive Rechnungsabgrenzung stellt ein Leistungsguthaben dar in Form eines Versicherungsschutzes für 4 Monate.

c) Nr. 6 ist ein im Voraus erhaltener Ertrag. Der Geldfluss hat bereits stattgefunden; er betrifft aber nur teilweise die laufende Periode. Deshalb wird ein Teil des Ertrags auf die nächste Periode vorgetragen (Ertragsvortrag). Die Passive Rechnungsabgrenzung stellt eine Leistungsschuld dar; die Kursteilnehmer müssen im neuen Jahr geschult werden.

Nr. 7 ist ein aufgelaufener Aufwand: Ein Geldfluss hat noch nicht stattgefunden; der Aufwand fällt aber noch in die laufende Periode und muss nachgetragen werden (Aufwandsnachtrag). Die passive Rechnungsabgrenzung stellt eine Geldschuld dar; im neuen Jahr müssen die Revisionsarbeiten bezahlt werden.

d)

Geschäftsfälle	Aufwands-nachtrag	Aufwandsvortrag	Ertragsnachtrag	Ertragsvortrag	Vorausbezahlter Aufwand	Im Voraus erhaltener Ertrag	Aufgelaufener Aufwand	Aufgelaufener Ertrag	Leistungs-guthaben	Leistungsschuld	Geldguthaben	Geldschuld
1 Fahrzeugreparatur	X						X					X
2 Mietzins Büro		X			X				X			
3 Zins Mitarbeiterdarlehen			X					X			X	
4 Fahrzeugversicherung		X			X				X			
5 Mietzins Garage				X		X				X		
6 Schulungen				X		X				X		
7 Revisionshonorar	X						X					X

8.04   Rechnungsabgrenzungen

	Soll-Konto		Haben-Konto		Betrag
1	1300	Aktive Rechnungsabgrenzungen	6300	Versicherungsaufwand	9
2	6900	Zinsaufwand	2300	Passive Rechnungsabgrenzungen	14
3	6000	Mietzinsaufwand	1300	Aktive Rechnungsabgrenzung	5

1	Zeitliche Abgrenzung Ende Jahr von zum Voraus bezahlten Sachversicherungsprämien.
2	Zeitliche Abgrenzung Ende Jahr von aufgelaufenen Schuldzinsen.
3	Rückbuchung Anfang Jahr der zeitlichen Abgrenzung für vorausbezahlten Mietzinsaufwand.

8.05   Rückstellungen

	Soll-Konto		Haben-Konto		Betrag
1 Garantiegewährung	3820	Veränderung Garantierückstellungen	2330	Kurzfristige Rückstellungen	2
2 Gerichtsurteil	2600	Langfristige Rückstellungen	1020	Bankguthaben	7
	2600	Langfristige Rückstellungen	8510	Ausserordentlicher Ertrag	2
3 Ausstehende Rechnung	6200	Fahrzeugaufwand	2300	Passive Rechnungsabgrenzung	3
4 Faktische Verpflichtung	6460	Entsorgungsaufwand	2330	Kurzfristige Rückstellungen	13
5 Werbeaktion		Keine Buchung[1]			
6 Kauf Grundstück	1600	Liegenschaften	1020	Bankguthaben	70
	1600	Liegenschaften	2330	Kurzfristige Rückstellungen	5
7 Rechnung Reparatur	6100	Aufwand URE	2000	Verbindlichkeiten L+L	4
8 Verlegung Produktion	5800	Sonstiger Personalaufwand	2330	Kurzfristige Rückstellungen	11
	6850	Wertberichtigungsaufwand	1609	WB Liegenschaften	30

[1] Die Werbekosten stellen künftigen Aufwand dar, weshalb keine Rückstellung zu bilden ist.

8.06 Multiple-Choice zu zeitlichen Abgrenzungen und Rückstellungen

	Aussage	Richtig	Begründung, warum falsch
1	Rückstellungen sind auf Ereignissen in der Vergangenheit begründete wahrscheinliche Verpflichtungen, deren Höhe und/oder Fälligkeit am Bilanzstichtag ungewiss und nicht schätzbar sind.		Rückstellungen müssen verlässlich schätzbar sein, sonst handelt es sich nicht um eine Verbindlichkeit (OR 959 Abs. 5). Der geschilderte Sachverhalt ist eine Eventualverbindlichkeit, die im Anhang offenzulegen ist (OR 959c Abs. 2 Ziff. 10).
2	Das verpflichtende Ereignis für eine Rückstellung muss rechtlich verbindlich sein, d.h., auf Gesetzen oder Verträgen beruhen, und vor dem Bilanzstichtag stattgefunden haben.		Das verpflichtende Ereignis kann auch faktischer Natur sein, d.h., durch das übliche Geschäftsgebaren begründet sein.
3	Aufwandsvorträge und Ertragsnachträge führen zu aktiven Rechnungsabgrenzungen.	X	
4	Die Auflösung oder Verminderung von Rückstellungen führt zu einem höheren Aufwand oder einem tieferen Ertrag.		Die Auflösung führt zu einen tieferen Aufwand oder einem höheren Ertrag.
5	Die Verwendung von Rückstellungen wird im Haben als Ertrag oder als Aufwandsminderung gebucht.		Die Verwendung ist erfolgsneutral. Die Habenbuchung ist in der Regel eine Verminderung der flüssigen Mittel.
6	Die zeitliche Abgrenzung von vorausbezahlten Mietzinsen wird im Soll unter Aktiven Rechnungsabgrenzungen verbucht. Sie stellt ein Geldguthaben dar.		Sie stellt ein Leistungsguthaben dar.
7	Rückstellungen unterscheiden sich von Wertberichtigungen und passiven Rechnungsabgrenzungen: Wertberichtigungen sind Korrekturposten zu Bilanzpositionen. Passive Rechnungsabgrenzungen sind definitive Verpflichtungen. Rückstellungen sind wahrscheinliche Verpflichtungen.	X	
8	Sofern eine Unternehmung Monats- oder Quartalsabschlüsse erstellt, kann die Vorauszahlung für eine Versicherungsprämie als Aktivum erfasst werden, statt als Aufwand. In der Folge werden die monatlichen Anteile mithilfe automatischer Buchungen durch die Software auf die einzelnen Monate verteilt.	X	

8.07 Rückstellungsspiegel

	Garantie-rückstellungen	Prozess-rückstellungen	Übrige Rückstellungen	Total
Anfangsbestand	15	11	1	27
Bildung	10	7	4	21
Auflösung		−3		− 3
Verwendung	−13	−6		−19
Schlussbestand	12	9	5	26

8.08 Buchungen beim Jahresabschluss

	Soll-Konto		Haben-Konto		Betrag
1 Garantieleistungen	2330	Kurzfristige Rückstellungen	3820	Veränderung Garantierückstellungen	5
2 Lagermanko	4880	Material- und Handelswarenverluste	1200	Handelswarenvorrat	2
3 Mitarbeiterdarlehen	1300	Aktive Rechnungsabgrenzungen	6950	Zinsertrag	2
4 WB Forderungen	3804	Veränderung WB Forderungen	1109	WB Forderungen L+L	8
5 Darlehen	6900	Zinsaufwand	2300	Passive Rechnungsabgrenzungen	1
6 Garagenplätze	7500	Mietzinsertrag	2300	Passive Rechnungsabgrenzungen	5
7 Abschreibung	6800	Abschreibungsaufwand	1509	WB Maschinen	7
8 Reparatur Fahrzeug	6200	Fahrzeugaufwand	2000	Verbindlichkeiten L+L	12
	1171	Vorsteuer Invest., übriger Aufwand	2000	Verbindlichkeiten L+L	1
9 Forderungen in EUR	3806	Kursdifferenzen Verkauf	1101	Forderungen L+L in EUR	1
10 Wertbeeinträchtigung	6850	Wertbeeinträchtigungsaufwand	1509	WB Maschinen	10
11 Vorsteuer Waren	2201	Abrechnungskonto MWST	1170	Vorsteuer Material, Waren, DL	90
Vorsteuer übriges	2201	Abrechnungskonto MWST	1171	Vorsteuer Invest., übriger Aufwand	30
Umsatzsteuer	2200	Umsatzsteuer	2201	Abrechnungskonto MWST	160
12 Gewinn	9000	Gewinn Erfolgsrechnung	2970	Gewinnvortrag	130

8.09 Einführung Stille Reserven

a)

Bilanz 31.12.20_1

	Extern	Bereinigung	Intern		Extern	Bereinigung	Intern
Diverse Aktiven	150	0	150	Aktienkapital	200	0	200
Sachanlagen	60	20	80	Gewinnreserven	10	20	30
	210	20	230		210	20	230

Erfolgsrechnung 20_1

	Extern	Bereinigung	Intern		Extern	Bereinigung	Intern
Diverser Aufwand	330	0	330	Handelserlöse	400	0	400
Abschreibungen	60	−20	40				
Gewinn	10	20	30				
	400	0	400		400	0	400

b) Der tatsächliche (interne) Gewinn ist um 20 höher als der externe Gewinn.

c) Der Bestand an stillen Reserven beträgt 20. Er ist als Differenz bei den Gewinnreserven sichtbar.

d)

Bilanz 31.12.20_2

	Extern	Bereinigung	Intern		Extern	Bereinigung	Intern
Diverse Aktiven	235	0	235	Aktienkapital	200	0	200
Sachanlagen	0	40	40	Gewinnreserven	35	40	75
	235	40	275		235	40	275

Erfolgsrechnung 20_2

	Extern	Bereinigung	Intern		Extern	Bereinigung	Intern
Diverser Aufwand	345	0	345	Handelserlöse	430	0	430
Abschreibungen	60	−20	40				
Gewinn	25	20	45				
	430	0	430		430	0	430

e) Der externe Gewinn wird gegenüber dem internen Gewinn um 20 zu tief ausgewiesen.

f) Die Differenz lässt sich auf zwei Arten erklären:

- Der Wert der Sachanlagen wird extern mit 0 ausgewiesen. Der tatsächliche Wert beträgt 40; die Differenz von 40 entspricht den stillen Reserven.

- Der Bestand an stillen Reserven betrug Ende Vorjahr 20. Im Jahr 20_2 wurden zusätzlich 20 stille Reserven gebildet, was einen Bestand Ende 20_2 von 40 ergibt.

g)

Bilanz 31.12.20_3

	Extern	Bereinigung	Intern		Extern	Bereinigung	Intern
Diverse Aktiven	270	0	270	Aktienkapital	200	0	200
Sachanlagen	0	0	0	Gewinnreserven	70	0	70
	270	0	270		270	0	270

Erfolgsrechnung 20_3

	Extern	Bereinigung	Intern		Extern	Bereinigung	Intern
Diverser Aufwand	415	0	415	Handelserlöse	450	0	450
Abschreibungen	0	40	40				
Gewinn	35	−40	−5				
	450	0	450		450	0	450

h) Der extern ausgewiesene Gewinn von 35 ist in Wirklichkeit (intern) ein Verlust von 5.

i) Es bestehen keine stillen Reserven mehr, weil sich die Bewertungsdifferenzen auf den Sachanlagen am Ende der wirtschaftlichen Nutzungsdauer aufgelöst haben.

8.10 Stille Reserven

a)

Eröffnungsbilanz

	Extern	Bereinigung	Intern		Extern	Bereinigung	Intern
Flüssige Mittel	40	0	40	Diverses Fremdkapital	280	0	280
Forderungen	160	0	160	Rückstellungen	30	−20	10
Handelswarenvorrat	100	50	150	Aktienkapital	200	0	200
Sachanlagen	300	80	380	Gewinnreserven	90	150	240
	600	130	730		600	130	730

Erfolgsrechnung

	Extern	Bereinigung	Intern		Extern	Bereinigung	Intern
Handelswarenaufwand	1 200	−20	1 180	Handelserlöse	2 000	10	2 010
Abschreibungen	80	−30	50				
Diverser Aufwand	680	0	680				
Gewinn	40	60	100				
	2 000	10	2 010		2 000	10	2 010

Schlussbilanz

	Extern	Bereinigung	Intern		Extern	Bereinigung	Intern
Flüssige Mittel	50	0	50	Diverses Fremdkapital	400	0	400
Forderungen	210	0	210	Rückstellungen	40	−30	10
Handelswarenvorrat	140	70	210	Aktienkapital	200	0	200
Sachanlagen	350	110	460	Gewinnreserven	110	210	320
	750	180	930		750	180	930

b)

	Externe Gewinnreserven 01.01.	90
./.	Gewinnausschüttung	−20
+	Gewinn	40
=	Externe Gewinnreserven 31.12.	110

c)

	Sachanlagen extern 01.01.	300			Sachanlagen intern 01.01.	380
+	Investitionen	130		+	Investitionen	130
./.	Abschreibungen extern	− 80		./.	Abschreibungen intern	− 50
=	Sachanlagen extern 31.12.	350		=	Sachanlagen intern 31.12.	460

d) Durch die Erhöhung der stillen Reserven um 60 wurde der externe Gewinn im Vergleich zum tatsächlichen Gewinn um 60 zu tief ausgewiesen.

8.11 Stille Reserven

a)

Jahr	Externe Rechnungen		Interne Rechnungen		Stille Reserven	
	Abschreibung	Wert gemäss Schlussbilanz	Abschreibung	Wert gemäss Schlussbilanz	Veränderung	Bestand Ende Jahr
1	80	120	40	160	+40	40
2	48	72	40	120	+ 8	48
3	29	43	40	80	− 11	37
4	17	26	40	40	− 23	14
5	26	0	40	0	− 14	0

b) TCHF 40

c)

	Interner Gewinn	90
./.	Bildung stiller Reserven	− 8
=	Externer Gewinn	82

d)

	Externer Gewinn	10
./.	Auflösung stiller Reserven	−23
=	Interner Verlust	−13

e)

	Externes Eigenkapital	400
+	Bestand an stillen Reserven	14
=	Internes Eigenkapital	414

8.12 Stille Reserven

Jahr	Externe Rechnungen		Interne Rechnungen		Stille Reserven	
	Abschreibung 40 % des BW	Restwert Ende Jahr	Abschreibung 20 % des AW	Restwert Ende Jahr	Veränderung	Bestand Ende Jahr
20_1	120	180	60	240	+60	60
20_2	72	108	60	180	+12	72
20_3	43	65	60	120	−17	55

a)

Bilanz 31.12.20_1

	Extern	Bereinigung	Intern		Extern	Bereinigung	Intern
Flüssige Mittel	20		20	Diverses Fremdkapital	170		170
Forderungen	60		60	Rückstellungen	10	−10	0
Handelswarenvorrat	40	20	60	Aktienkapital	100		100
Sachanlagen	180	60	240	Gewinnreserven	20	90	110
	300	80	380		300	80	380

Erfolgsrechnung 20_1

	Extern	Bereinigung	Intern		Extern	Bereinigung	Intern
Handelswarenaufwand	500	−20	480	Handelserlöse	800	10	810
Abschreibungen	120	−60	60				
Diverser Aufwand	160		160				
Gewinn	20	90	110				
	800	10	810		800	10	810

b)

Bilanz 31.12.20_2

	Extern	Bereinigung	Intern		Extern	Bereinigung	Intern
Flüssige Mittel	32		32	Diverses Fremdkapital	138		138
Forderungen	100		100	Rückstellungen	12	– 12	0
Handelswarenvorrat	60	30	90	Aktienkapital	100		100
Sachanlagen	108	72	180	Gewinnreserven	50	114	164
	300	102	402		300	102	402

Erfolgsrechnung 20_2

	Extern	Bereinigung	Intern		Extern	Bereinigung	Intern
Handelswarenaufwand	530	–10	520	Handelserlöse	830	2	832
Abschreibungen	72	–12	60				
Diverser Aufwand	198		198				
Gewinn	30	24	54				
	830	2	832		830	2	832

c)

Bilanz 31.12.20_3

	Extern	Bereinigung	Intern		Extern	Bereinigung	Intern
Flüssige Mittel	15		15	Diverses Fremdkapital	52		52
Forderungen	90		90	Rückstellungen	8	– 8	0
Handelswarenvorrat	50	25	75	Aktienkapital	100		100
Sachanlagen	65	55	120	Gewinnreserven	60	88	148
	220	80	300		220	80	300

Erfolgsrechnung 20_3

	Extern	Bereinigung	Intern		Extern	Bereinigung	Intern
Handelswarenaufwand	500	5	505	Handelserlöse	720	–4	716
Abschreibungen	43	17	60				
Diverser Aufwand	167		167				
Gewinn	10	–26	– 16				
	720	– 4	716		720	–4	716

d)

Gewinn laut Erfolgsrechnung

	Externe Werte	Stille Reserven	Interne Werte
20_1	20	90	110
20_2	30	24	54
20_3	10	−26	−16

Gewinnreserven laut Bilanz

		Externe Werte	Stille Reserven	Interne Werte
	Bestand Anfang 20_1	0	0	0
+/−	Veränderung 20_1	20	90	110
=	Bestand Ende 20_1 = Anfang 20_2	20	90	110
+/−	Veränderung 20_2	30	24	54
=	Bestand Ende 20_2 = Anfang 20_3	50	114	164
+/−	Veränderung 20_3	+10	−26	−16
=	Bestand Ende 20_3	60	88	148

e)

	Aussage	Ja	Nein
1	20_1 ist der gegenüber Aktionären und Steuerbehörden ausgewiesene externe Gewinn um die Bildung stiller Reserven von 90 tiefer als der interne Gewinn.	X	
2	Ende 20_1 ist das tatsächliche Eigenkapital um den Bestand an stillen Reserven von 90 höher als gegenüber den Aktionären ausgewiesen.	X	
3	20_2 nimmt der Bestand an stillen Reserven um 24 zu, weshalb der externe Gewinn um 24 höher ist als der interne.		X
4	Ende 20_2 beträgt der Bestand an stillen Reserven 114. Er ist zurückzuführen auf die Bildung stiller Reserven im Jahr 20_1 von 90 und im Jahr 20_2 von 24.	X	
5	20_3 wurden stille Reserven von 26 aufgelöst, weshalb sich der Bestand an Gewinnreserven um 26 verminderte.		X
6	Die Auflösung stiller Reserven im Jahr 20_3 muss im Anhang aufgeführt werden.	X	
7	Durch die Bildung stiller Reserven vermindert sich im Jahr 20_1 die extern ausgewiesene Eigenkapitalrendite.	X	
8	Die interne Eigenkapitalrendite ist tiefer als die externe, sofern sich der Bestand an stillen Reserven in der Periode nicht veränderte.	X	
9	Durch die Auflösung stiller Reserven werden flüssige Mittel freigesetzt, die für Investitionen eingesetzt werden können.		X
10	Stille Reserven dienen zur Sicherung des dauernden Gedeihens der Unternehmung, weil allfällige Verluste gedeckt werden können.		X
11	Zwangsreserven können entstehen, wenn der tatsächliche Wert eines Aktivums über die Anschaffungs- bzw. Herstellkosten steigt.	X	

8.13   Stille Reserven

Eröffnungsbilanz

	Extern	Bereinigung	Intern		Extern	Bereinigung	Intern
Flüssige Mittel	30	0	30	Diverses Fremdkapital	290	0	290
Forderungen	170	4	174	Rückstellungen	10	−6	4
Handelswarenvorrat	120	60	180	Aktienkapital	300	0	300
Sachanlagen	400	70	470	Gewinnreserven	120	140	260
	720	134	854		720	134	854

Erfolgsrechnung

	Extern	Bereinigung	Intern		Extern	Bereinigung	Intern
Handelswarenaufwand	2 000	20	2 020	Handelserlöse	3 000	−1	2 999
Abschreibungen	90	−10	80				
Diverser Aufwand	902	0	902				
Gewinn	8	−11	−3				
	3 000	− 1	2 999		3 000	−1	2 999

Schlussbilanz

	Extern	Bereinigung	Intern		Extern	Bereinigung	Intern
Flüssige Mittel	33	0	33	Diverses Fremdkapital	294	0	294
Forderungen	180	5	185	Rückstellungen	9	−4	5
Handelswarenvorrat	80	40	120	Aktienkapital	300	0	300
Sachanlagen	420	80	500	Gewinnreserven	110	129	239
	713	125	838		713	125	838

8.14   Stille Reserven

Stille Reserven

	Anfangs-bestand	Schluss-bestand	Verände-rung
Handelswarenvorrat	10	8	−2
Sachanlagen	20	27	7
Garantierückstellungen	4	3	−1
Total	34	38	4

Eröffnungsbilanz

	Extern	Bereinigung	Intern		Extern	Bereinigung	Intern
Diverse Aktiven	30	0	30	Fremdkapital	30	−4	26
Handelswarenvorrat	20	10	30	Aktienkapital	40	0	40
Sachanlagen	50	20	70	Gewinnreserven	30	34	64
	100	30	130		100	30	130

Erfolgsrechnung

	Extern	Bereinigung	Intern		Extern	Bereinigung	Intern
Handelswarenaufwand	200	2	202	Handelserlös	300	−1	299
Abschreibungen	15	−7	8				
Diverser Aufwand	65	0	65				
Gewinn	20	4	24				
	300	−1	299		300	−1	299

Schlussbilanz vor Gewinnverbuchung

	Extern	Bereinigung	Intern		Extern	Bereinigung	Intern
Diverse Aktiven	41	0	41	Fremdkapital	24	−3	21
Handelswarenvorrat	16	8	24	Aktienkapital	40	0	40
Sachanlagen	53	27	80	Gewinnreserven	26	34	60
				Gewinn	20	4	24
	110	35	145		110	35	145

Schlussbilanz nach Gewinnverbuchung

	Extern	Bereinigung	Intern		Extern	Bereinigung	Intern
Diverse Aktiven	41	0	41	Fremdkapital	24	−3	21
Handelswarenvorrat	16	8	24	Aktienkapital	40	0	40
Sachanlagen	53	27	80	Gewinnreserven	46	38	84
	110	35	145		110	35	145

8.15 Ereignisse nach dem Bilanzstichtag

a) Die Ursache bestand bereits am Abschlussstichtag.

Es handelt sich um ein buchungspflichtiges Ereignis: In der Bilanz 20_4 müssen die Rückstellungen mit 80 ausgewiesen werden, und die Erfolgsrechnung muss um 30 korrigiert werden.

b) Die fehlende Werthaltigkeit der Vorräte hatte sich schon vor dem Bilanzstichtag abgezeichnet und wurde am 1. Februar zur Gewissheit.

Das ist ein buchungspflichtiges Ereignis: Die Vorräte an Mobiltelefonen dürfen im Abschluss 20_4 höchstens zum Netto-Veräusserungswert von 50 (45 + 5) bewertet werden.

c) Dieses Ereignis zeigt Gegebenheiten an, die erst nach dem Bilanzstichtag eingetreten sind, d.h., die Ursache war am Bilanzstichtag noch nicht vorhanden.

Es handelt sich nicht um ein buchungspflichtiges Ereignis. Die Auswirkungen sind im Anhang offenzulegen (sofern wesentlich).

d) Die Art des Ereignisses wäre grundsätzlich buchungspflichtig. Es fand aber nach der Freigabe des Jahresabschlusses statt, weshalb es im Abschluss 20_4 nicht berücksichtigt werden kann (weder in Bilanz und Erfolgsrechnung, noch im Anhang).

e) Dieses Ereignis zeigt wie beim Fall c) Gegebenheiten an, die erst nach dem Bilanzstichtag eingetreten sind, d.h., die Ursache war am Bilanzstichtag noch nicht vorhanden.

Es handelt sich nicht um ein buchungspflichtiges Ereignis. Die Auswirkungen sind im Anhang offenzulegen (sofern wesentlich).

Exkurs

8.16   Tatsächliche und latente Steuern

a)

	20_1	20_2	20_3
Buchwert der Maschine nach OR	45	0	0
Buchwert der Maschine nach Swiss GAAP FER	60	30	0
Stille Reserven Ende Jahr	15	30	0

b)

		20_1	20_2	20_3
	Latente Steuerschuld Ende Jahr	3	6	0
./.	Latente Steuerschuld Anfang Jahr	–0	–3	–6
=	**Latenter Steueraufwand**	3	3	
	Latenter Steuerertrag			–6

c)

Externe Erfolgsrechnung nach OR

		20_1	20_2	20_3	
	Gewinn vor Steuern und Abschreibungen	100	100	100	
./.	Abschreibungen	–45	–45	0	
=	**Gewinn vor Steuern**	55	55	100	
./.	Tatsächliche Gewinnsteuern	–11	–11	–20	} Total –42
=	**Gewinn nach Steuern**	44	44	80	

Interne Erfolgsrechnung nach Swiss GAAP FER

		20_1	20_2	20_3	
	Gewinn vor Steuern und Abschreibungen	100	100	100	
./.	Abschreibungen	–30	–30	–30	
=	**Gewinn vor Steuern**	70	70	70	
./.	Tatsächliche Gewinnsteuern	–11	–11	–20	
./.	Latenter Steueraufwand	– 3	– 3		} Total –42
+	Latenter Steuerertrag			6	
=	**Gewinn nach Steuern**	56	56	56	

8.17 Überleitung vom OR nach Swiss GAAP FER

a)

Latente Steuern 20_7

	01.01.	31.12.	Differenz
Latente Steuern	6	9	+3

Bilanz 01.01.20_7

	OR	Bereinigung	Swiss GAAP		OR	Bereinigung	Swiss GAAP
Flüssige Mittel	8	0	8	Übriges Fremdkapital	80	0	80
Forderungen	62	0	62	Latente Steuerrückstellung		6	6
Handelswarenvorrat	20	10	30	Aktienkapital	100	0	100
Sachanlagen	150	20	170	Gewinnreserven	60	24	84
	240	30	270		240	30	270

Erfolgsrechnung 20_7

	OR	Bereinigung	Swiss GAAP		OR	Bereinigung	Swiss GAAP
Handelswarenaufwand	300	− 5	295	Handelserlöse	500	0	500
Abschreibungen	40	−10	30				
Diverser Aufwand	135	0	135				
Tatsächlicher Steueraufwand	5	0	5				
Latenter Steueraufwand		3	3				
Gewinn	20	12	32				
	500	0	500		500	0	500

Bilanz 31.12.20_7

	OR	Bereinigung	Swiss GAAP		OR	Bereinigung	Swiss GAAP
Flüssige Mittel	14	0	14	Übriges Fremdkapital	70	0	70
Forderungen	66	0	66	Latente Steuerrückstellung		9	9
Handelswarenvorrat	30	15	45	Aktienkapital	100	0	100
Sachanlagen	140	30	170	Gewinnreserven	80	36	116
	250	45	295		250	45	295

b) Die latenten Steuern wirken sich wie folgt auf die Bereinigung von Gewinn Eigenkapital aus:

- Die gebildeten stillen Reserven von 15 haben bei der Bereinigung nur eine Erhöhung des tatsächlichen Gewinns um 12 zur Folge.
- Ende Jahr ist der Bestand an stillen Reserven 45; das Eigenkapital nach Swiss GAAP FER ist indes nur um 36 höher als im Abschluss nach OR.

8.18   Buchungssätze zur Repetition

	Soll-Konto		Haben-Konto		Betrag
1 Vorauszahlung	1290	Geleistete Anzahlungen Vorräte	1020	Bankguthaben	1 000
2 Rechnung	1200	Handelswarenvorrat	2000	Verbindlichkeiten L+L	6 000
	1170	Vorsteuer Material, Waren, DL	2000	Verbindlichkeiten L+L	462
	2000	Verbindlichkeiten L+L	1290	Geleistete Anzahlungen Vorräte	1 000
3 Zahlung	2000	Verbindlichkeiten L+L	4900	Skonti und Rabatte	100
	2000	Verbindlichkeiten L+L	1170	Vorsteuer Material, Waren, DL	8
	2000	Verbindlichkeiten L+L	1020	Bankguthaben	5 354
4 Verkauf	1100	Forderungen L+L	3200	Handelserlöse	3 000
	1100	Forderungen L+L	2200	Umsatzsteuer	231
	4200	Handelswarenaufwand	1200	Handelswarenvorrat	1 800
5 Rücknahme	3200	Handelswarenerlöse	1100	Forderungen L+L	500
	2200	Umsatzsteuer	1100	Forderungen L+L	38
	4880	Material- und Handelswarenverluste	4200	Handelswarenaufwand	300
6 Zahlung	3800	Skonti und Rabatte	1100	Forderungen L+L	50
	2200	Umsatzsteuer	1100	Forderungen L+L	4
	1020	Bankguthaben	1100	Forderungen L+L	2 639
7 Sozialversicherungen	2270	KK Sozialversicherungen	1020	Bankguthaben	110
8 Fahrzeugkauf	1530	Fahrzeuge	2000	Verbindlichkeiten L+L	200
	1171	Vorsteuer Invest., übriger Aufwand	2000	Verbindlichkeiten L+L	15
9 Eintausch	2000	Verbindlichkeiten L+L	1530	Fahrzeuge	25
	2000	Verbindlichkeiten L+L	2200	Umsatzsteuer	2
	1539	WB Fahrzeuge	1530	Fahrzeuge	130
	1530	Fahrzeuge	8514	A. o. Gewinn aus Veräusserung SA	5
10 Zahlung	2000	Verbindlichkeiten L+L	1020	Bankguthaben	188
11 Wertschriftenertrag	1020	Bankguthaben	6952	Dividenden- und Zinsertrag WS	26
	1176	Verrechnungssteuerguthaben	6952	Dividenden- und Zinsertrag WS	14
12 Privater Warenbezug	1091	Lohndurchlaufkonto	3200	Handelserlöse	25
	1091	Lohndurchlaufkonto	2200	Umsatzsteuer	2
	4200	Handelswarenaufwand	1200	Handelswarenvorrat	17
13 Lohnabrechnung	5000	Lohnaufwand	1091	Lohndurchlaufkonto	400
	2270	KK Sozialversicherungen	1091	Lohndurchlaufkonto	18
	5000	Lohnaufwand	6270	Privatanteil Fahrzeugaufwand	12
	5000	Lohnaufwand	2200	Umsatzsteuer	1
	1091	Lohndurchlaufkonto	2270	KK Sozialversicherungen	47
	6640	Reiseaufwand	1091	Lohndurchlaufkonto	14
	1171	Vorsteuer Invest., übriger Aufwand	1091	Lohndurchlaufkonto	1
14 Lohnauszahlung	1091	Lohndurchlaufkonto	1020	Bankguthaben	359
15 Arbeitgeber-Beiträge	5700	Sozialversicherungsaufwand	2270	KK Sozialversicherungen	52
16 Gewinnverwendung	2970	Gewinnvortrag	2050	Gesetzliche Gewinnreserve	45
	2970	Gewinnvortrag	2261	Dividendenschuld	200
	2261	Dividendenschuld	2206	Verrechnungssteuerschuld	70
	2261	Dividendenschuld	1020	Bankguthaben	130
17 Eigene Aktien	2980	Eigene Aktien	1020	Bankguthaben	90
18 Kauf Obligationen	1060	Wertschriften	1020	Bankguthaben	1 040
	6952	Dividenden- und Zinsertrag	1020	Bankguthaben	50
	6940	Bankspesen und Depotgebühren	1020	Bankguthaben	11

8.19   Buchungssätze zur Repetition

	Soll-Konto		Haben-Konto		Betrag
1 Verkauf Erzeugnisse	1100	Forderungen L+L	3000	Produktionserlöse	2 500
	1100	Forderungen L+L	2200	Umsatzsteuer	193
2 Zahlung	3800	Skonti und Rabatte	1100	Forderungen L+L	50
	2200	Umsatzsteuer	1100	Forderungen L+L	4
	1020	Bankguthaben	1100	Forderungen L+L	2 639
3 Transport	4700	Beschaffungsaufwand	2000	Verbindlichkeiten L+L	400
	1170	Vorsteuer Material, Waren, DL	2000	Verbindlichkeiten L+L	31
4 Verkauf Aktien	1020	Bankguthaben	1060	Wertschriften	800
	6940	Bankspesen und Depotgebühren	1020	Bankguthaben	9
	1060	Wertschriften	6992	Kursgewinne Wertschriften	170
5 Betreibung	1100	Forderungen L+L	1020	Bankguthaben	10
	1105	Dubiose Forderungen	1100	Forderungen L+L	860
6 Ausbuchung Forderung	1020	Bankguthaben	1105	Dubiose Forderungen	214
	3805	Verluste Forderungen	1105	Dubiose Forderungen	600
	2200	Umsatzsteuer	1105	Dubiose Forderungen	46
7 Eigenleistung	1500	Maschinen	3700	Eigenleistungen	70
8 Abschreibung	6800	Abschreibungsaufwand	1519	WB Mobiliar	400
9 Garantieleistungen	2330	Kurzfristige Rückstellungen	3820	Veränderung Garantierückstellung	10
10 Produktionsanlage	6800	Abschreibungsaufwand	1509	WB Maschinen	500
	6850	Wertberichtigungsaufwand	1509	WB Maschinen	400
11 Manko	4880	Material- und Warenverluste	1220	Materialvorrat	4
12 Erzeugnisse	1260	Fertige Erzeugnisse	3901	BÄ fertige Erzeugnisse	23
	3900	BÄ unfertige Erzeugnisse	1270	Unfertige Erzeugnisse	16
13 Passivdarlehen	6900	Zinsaufwand	2300	Passive Rechnungsabgrenzungen	5
14 Aktivdarlehen	1300	Aktive Rechnungsabgrenzungen	6950	Zinsertrag	15
15 Garagenplätze	1300	Aktive Rechnungsabgrenzungen	6000	Mietzinsaufwand	30
16 Fremdwährungen	3806	Kursdifferenzen Verkauf	1101	Forderungen L+L in EUR	24
17 WB Forderungen	1109	WB Forderungen L+L	3804	Veränderung WB Forderungen	7
18 Wertschriften	1069	WB Wertschriften	6992	Kursgewinne Wertschriften	80
	1300	Aktive Rechnungsabgrenzungen	6952	Dividenden- und Zinsertrag WS	35
19 MWST	2201	Abrechnungskonto MWST	1170	Vorsteuer Material, Waren, DL	300
	2201	Abrechnungskonto MWST	1171	Vorsteuer Invest., übriger Aufwand	160
	2200	Umsatzsteuer	2201	Abrechnungskonto MWST	800

Ausgewählte Themen

9.01 Umwandlung Einzelunternehmung in AG

a)

Soll-Konto	Haben-Konto	Betrag
1020 Bankguthaben	9900 Hilfskonto Gründung	15
1100 Forderungen L+L	9900 Hilfskonto Gründung	65
1200 Handelswarenvorrat	9900 Hilfskonto Gründung	50
15xx Mobile Sachanlagen	9900 Hilfskonto Gründung	70
9900 Hilfskonto Gründung	2000 Verbindlichkeiten L+L	75
9900 Hilfskonto Gründung	2290 Übrige kurzfristige Verbindlichkeiten	5
9900 Hilfskonto Gründung	2480 Aktionärsdarlehen	20
9900 Hilfskonto Gründung	2800 Aktienkapital	100

b)

Bilanz der Aktiengesellschaft 01.01.20_5

Aktiven			Passiven
Umlaufvermögen		**Fremdkapital**	
Bankguthaben	15	Verbindlichkeiten L+L	75
Forderungen L+L	65	Übrige kurzfristige Verbindlichkeiten	5
Handelswarenvorrat	50	Aktionärsdarlehen	20
Anlagevermögen		**Eigenkapital**	
Mobile Sachanlagen	70	Aktienkapital	100
	200		200

c) Wichtige Gründe sind:

- Der Einzelunternehmer haftet für Geschäftsschulden auch mit seinem Privatvermögen; bei der Aktiengesellschaft ist die Haftung auf das Vermögen der Gesellschaft beschränkt.
- Beim Verkauf oder bei einer Nachfolge lassen sich die Aktien in der Regel steuerfrei übertragen.
- Geschäftserweiterungen können durch die Aufnahme neuer Aktionäre finanziert werden.
- Durch die Abgabe von Aktien an Mitarbeiter werden diese am Erfolg der Unternehmung beteiligt.

d) Die Übertragung der stillen Reserven kann unter folgenden Voraussetzungen steuerneutral erfolgen:

- Die Übertragung muss zum steuerlich massgeblichen Wert (in der Regel der Buchwert) abgewickelt werden.
- Die Steuerpflicht muss in der Schweiz fortbestehen.
- Die Aktien dürfen nach der Vermögensübertragung während fünf Jahren nicht veräussert werden. Bei Verletzung der Sperrfrist werden die übertragenen stillen Reserven nachträglich beim Einzelunternehmer als Einkommen besteuert.

9.02 Umwandlung Einzelunternehmung in GmbH

a)

Bilanz der GmbH 01.01.20_4

Aktiven		Passiven	
Umlaufvermögen		**Fremdkapital**	
Bankguthaben	2	Verbindlichkeiten L+L	13
Forderungen L+L	9	Übrige kurzfristige Verbindlichkeiten	2
Vorräte	6	Darlehen Gesellschafter	7
		Eigenkapital	
Anlagevermögen		Stammkapital	20
Mobile Sachanlagen	30	Gesetzliche Kapitalreserve[1]	5
	47		47

b) Die Übertragung der stillen Reserven auf den Vorräten und den Sachanlagen von insgesamt 10 erfolgt grundsätzlich steuerfrei auf die GmbH.

Die stillen Reserven von 2 auf den entnommenen Wertschriften müssen von G. Bührer privat versteuert werden.

---

[1] In der Buchhaltung auf dem Konto *2905 Kapitaleinlagereserven* erfasst.

9.03   Unterbilanzen und Überschuldung

Bilanz A

Aktiven	900	Fremdkapital	400
		Aktienkapital	300
		Gesetzliche Kapitalreserve	100
Verlust	100	Gesetzliche Gewinnreserve	200

Unterbilanz ohne gesetzliche Folgen

Der Verlust ist kleiner als die Hälfte des Aktienkapitals und der gesetzlichen Reserven. Das Eigenkapital nach Abzug des Verlusts ist noch positiv.

Obwohl keine gesetzlichen Handlungspflichten bestehen, wird das Prüfen von Sanierungsmassnahmen empfohlen.

Bilanz B

Aktiven	600	Fremdkapital	400
		Aktienkapital	300
Verlust	400	Gesetzliche Kapitalreserve	100
		Gesetzliche Gewinnreserve	200

Unterbilanz mit gesetzlichen Folgen

Der Verlust ist grösser als die Hälfte des Aktienkapitals und der gesetzlichen Reserven. Das Eigenkapital nach Abzug des Verlusts ist noch positiv.

Der Verwaltungsrat ist nach OR 725 Abs. 1 verpflichtet, unverzüglich eine Generalversammlung einzuberufen und dieser Sanierungsmassnahmen zu beantragen.

Bilanz C

Aktiven	200		
		Fremdkapital	400
Verlust	800	Aktienkapital	300
		Gesetzliche Kapitalreserve	100
		Gesetzliche Gewinnreserve	200

Überschuldung

Die Aktiven decken das Fremdkapital nicht mehr, bzw. der Verlust ist grösser als das Aktienkapital und die gesetzlichen Reserven (negatives Eigenkapital).

Wenn die Aktiven das Fremdkapital auch zu Veräusserungswerten nicht decken, ist gemäss OR 725 Abs. 2 der Richter zu benachrichtigen, sofern keine Rangrücktrittserklärungen durch Gläubiger vorliegen.

9.04 Sanierung

a)

	Soll-Konto		Haben-Konto		Betrag
1 Einzahlung von A	1020	Bankguthaben	2905	Kapitaleinlagereserven	7
2 Darlehensverzicht von B	2480	Aktionärsdarlehen	2905	Kapitaleinlagereserven	10
3 Rangrücktritt von A		Keine Buchung			
4 Forderungsverzicht	2000	Verbindlichkeiten L+L	8510	Ausserordentlicher Ertrag	28
	8510	Ausserordentlicher Ertrag	2970	Verlustvortrag	28
5 Verlustverrechnung	2950	Gesetzliche Gewinnreserve	2970	Verlustvortrag	32
6 Kapitalherabsetzung	2800	Aktienkapital	2970	Verlustvortrag	100
	1480	Beteiligungen	2800	Aktienkapital	60
	1020	Bankguthaben	2800	Aktienkapital	40

b)

Zwischenbilanz nach Sanierung

Aktiven				Passiven		
Umlaufvermögen			**Fremdkapital**			
Bankguthaben	50		Verbindlichkeiten L+L	152		
Forderungen L+L	37		Aktionärsdarlehen A (Rangrücktritt)	38	190	
Handelswarenvorrat	70	157				
Anlagevermögen			**Eigenkapital**			
Beteiligungen	60		Aktienkapital	100		
Mobile Sachanlagen	90	150	Gesetzliche Kapitalreserve[1]	17	117	
		307			307	

c)

	1	2	3	4	5	6
Zunahme der flüssigen Mittel	X					X
Erhöhung des Eigenkapitals	X	X		X		X
Verminderung des Fremdkapitals		X		X		
Verminderung des Verlustvortrags					X	X
Verminderung der steuerlich abzugsfähigen Verlustvorträge				X		

d) Beide Verbuchungsmöglichkeiten haben Vor- und Nachteile, die gegeneinander abgewogen werden müssen:

- Buchung als Kapitaleinlagereserven: Der Verlustvortrag wird nicht vermindert, hingegen können die Kapitaleinlagereserven künftig steuerfrei an die Aktionäre ausgeschüttet werden.
- Buchung über den Verlustvortrag: Der Verlustvortrag wird vermindert, wodurch sich das Bilanzbild verbessert. Die nachträgliche Klassifizierung als Kapitaleinlagereserven ist indes nicht möglich.

e) Der Forderungsverzicht ist als Ertrag zu verbuchen und vermindert die steuerlich abzugsfähigen Verlustvorträge. Diese betragen hier noch 140 (160 – 20).

f) Rangrücktritte sind entweder in der Bilanz oder im Anhang auszuweisen.

---

[1] Die Gesetzliche Kapitalreserve besteht hier ausschliesslich aus Kapitaleinlagereserven.

9.05 Sanierung

a)

	Soll-Konto		Haben-Konto		Betrag
1 Übertrag Aktien		Keine Buchung[1]			
2 Verzicht Hypothek B	2451	Hypothek Aktionär B	8510	Ausserordentlicher Ertrag	90
	8510	Ausserordentlicher Ertrag	2970	Verlustvortrag	90
3 Übernahme Restschuld	2451	Hypothek Aktionär B	2480	Aktionärsdarlehen (Rangrücktritt)	90
4 Barmittel	1020	Bankguthaben	1800	Nicht einbezahltes Aktienkapital	70
Mobile Sachanlagen	15xx	Mobile Sachanlagen	1800	Nicht einbezahltes Aktienkapital	30
5 Verzicht Hauptlieferant	2000	Verbindlichkeiten L+L	8510	Ausserordentlicher Ertrag	60
	8510	Ausserordentlicher Ertrag	2970	Verlustvortrag	60
6 Stundung Vorauszahlungen	2030	Erhaltene Anzahlungen	2450	Darlehen Dritter	140
7 Verlustverrechnung	2950	Gesetzliche Gewinnreserven	2970	Verlustvortrag	100
8 Kapitalherabsetzung	2800	Aktienkapital	2970	Verlustvortrag	200
Kapitalerhöhung	1600	Immobilien	2800	Aktienkapital	300
Hypothek	1600	Immobilien	2401	Hypotheken	300
9 Erhöhung Hypothek	1020	Bankguthaben	2401	Hypotheken	100
Anzahlungen	2030	Erhaltene Anzahlungen	1020	Bankguthaben	100

b)

Bilanz nach Sanierung

Aktiven				Passiven	
Umlaufvermögen			**Fremdkapital**		
Bankguthaben	170		Verbindlichkeiten L+L	100	
Forderungen L+L	150		Erhaltene Anzahlungen	160	
Handelswarenvorrat	70	390	Hypothek	960	
			Darlehen Dritter	140	
Anlagevermögen			Aktionärsdarlehen (Rangrücktritt)	90	1 450
Mobile Sachanlagen	60		**Eigenkapital**		
Immobilien	1 300	1 360	Aktienkapital		300
		1 750			1 750

c) Die Hypothek des Aktionärs wurde zu marktüblichen Konditionen in Zeiten normalen Geschäftsgangs gewährt. Deshalb gilt ein Forderungsverzicht als echter Sanierungsgewinn.

Als unechter Sanierungsgewinn würde der Forderungsverzicht eingestuft, wenn die Hypothek zu einem Zeitpunkt gewährt worden wäre, bei dem Dritte bereits keine Gelder mehr zur Verfügung gestellt hätten.

[1] Der Verkauf der Aktien ist eine private Transaktion zwischen den Aktionären.

127

9.06 Liquidation

a)

	Soll-Konto		Haben-Konto		Betrag
1 Kundenzahlungen	1020	Bankguthaben	1100	Forderungen L+L	86
	9500	Liquidationserfolg	1100	Forderungen L+L	4
2 Verwertung Handelsware	2000	Verbindlichkeiten L+L	1200	Handelswarenvorrat	18
	1020	Bankguthaben	1200	Handelswarenvorrat	33
	9500	Liquidationserfolg	1200	Handelswarenvorrat	9
3 Verschrottung Maschine	9500	Liquidationserfolg	1500	Maschinen	14
	9500	Liquidationserfolg	1020	Bankguthaben	2
4 Verkauf Auto	2480	Aktionärsdarlehen	1530	Fahrzeuge	22
	9500	Liquidationserfolg	1530	Fahrzeuge	3
Rückzahlung Darlehen	2480	Aktionärsdarlehen	1020	Bankguthaben	7
5 Tilgung Verbindlichkeiten	2000	Verbindlichkeiten L+L	1020	Bankguthaben	22
6 Auflösung Rückstellung	2330	Garantierückstellungen	1020	Bankguthaben	1
	2330	Garantierückstellungen	9500	Liquidationserfolg	8
7 Liquidationskosten	9500	Liquidationserfolg	1020	Bankguthaben	5

b)

	Liquidationserfolg	
1 Verlust Kundenforderungen	4	
2 Verlust Handelswaren	9	
3 Abschreibung Maschine	14	
Entsorgung Maschine	2	
4 Veräusserungsverlust Fahrzeug	3	
6 Auflösung Garantierückstellung		8
7 Liquidationskosten	5	
Saldo = Liquidationsverlust		29

c)

Liquidations-Schlussbilanz

Aktiven		Passiven	
Bankguthaben	132	Aktienkapital	100
		Gesetzliche Kapitalreserve	12
		Gesetzliche Gewinnreserve	19
		Freiwillige Gewinnreserven	30
		Liquidationserfolg (Verlust)	– 29
	132		132

d)

	Bankguthaben	132
./.	Aktienkapital	−100
./.	Gesetzliche Kapitalreserve	− 12
=	Verrechnungssteuerpflichtige Ausschüttung	20

Die Verrechnungssteuer beträgt 7 (35 % von 20).

e)

	Soll-Konto		Haben-Konto		Betrag
Verrechnung Eigenkapital	2800	Aktienkapital	9400	Transferkonto Liquidation	100
	2900	Gesetzliche Kapitalreserve	9400	Transferkonto Liquidation	12
	2950	Gesetzliche Gewinnreserve	9400	Transferkonto Liquidation	19
	2960	Freiwillige Gewinnreserven	9400	Transferkonto Liquidation	30
	9400	Transferkonto Liquidation	9500	Liquidationserfolg	29
Überweisung VSt	9400	Transferkonto Liquidation	1020	Bankguthaben	7
Zahlung an Aktionär	9400	Transferkonto Liquidation	1020	Bankguthaben	125

f) Nach der Verteilung der flüssigen Mittel wird die Löschung der Unternehmung im Handelsregister angemeldet. Das Handelsregisteramt vollzieht die Löschung nach Vorliegen der Zustimmung durch die Steuerbehörden.

9.07 Liquidation

a)

	Soll-Konto		Haben-Konto		Betrag
1 Kundenzahlungen	1020	Bankguthaben	1100	Forderungen L+L	162
Ausbuchung	9500	Liquidationserfolg	1100	Forderungen L+L	50
	2201	Abrechnungskonto MWST	1100	Forderungen L+L	4
2 Rückgabe Handelsware	2000	Verbindlichkeiten L+L	1200	Handelswarenvorrat	25
	2000	Verbindlichkeiten L+L	2201	Abrechnungskonto MWST	2
3 Rampenverkauf	1020	Bankguthaben	1200	Handelswarenvorrat	50
	1020	Bankguthaben	2201	Abrechnungskonto MWST	4
Verschrottung	9500	Liquidationserfolg	1200	Handelswarenvorrat	25
4 Verkauf Maschinen	1020	Bankguthaben	1500	Maschinen	75
	1020	Bankguthaben	2201	Abrechnungskonto MWST	6
	9500	Liquidationserfolg	1500	Maschinen	65
5 Verkauf Liegenschaft	1020	Bankguthaben	1600	Immobilien	450
Rückzahlung Hypothek	2401	Hypotheken	1600	Immobilien	600
Veräusserungsgewinn	1600	Immobilien	9500	Liquidationserfolg	200
6 Grundstückgewinnsteuer	9500	Liquidationserfolg	1020	Bankguthaben	30
7 Auflösung Rückstellung	2600	Langfristige Rückstellungen	9500	Liquidationserfolg	20
8 Zahlung an Treuhänder	9500	Liquidationserfolg	1020	Bankguthaben	25
	2201	Abrechnungskonto MWST	1020	Bankguthaben	2
9 Begleichung Verbindlichkeiten	2000	Verbindlichkeiten aus L+L	1020	Bankguthaben	324
	2201	Abrechnungskonto MWST	1020	Bankguthaben	6

b)

	Abrechnungs-konto MWST	
1 Ausbuchung Kundenforderungen	4	
2 Gutschrift		2
3 Rampenverkauf		4
4 Verkauf Maschinen		6
8 Treuhänder	2	
Saldo = MWST-Schuld	**6**	

c)

	Liquidationserfolg	
1 Verlust Kundenforderungen	50	
3 Verschrottung Handelswaren	25	
4 Verlust aus Verkauf Maschinen	65	
5 Verkaufsgewinn Liegenschaft		200
6 Grundstückgewinnsteuer	30	
7 Auflösung Rückstellung		20
8 Zahlung Treuhänder	25	
Saldo = Liquidationsgewinn	25	

d)
Liquidations-Schlussbilanz

Aktiven		Passiven	
Bankguthaben	460	Aktienkapital	200
		Gesetzliche Gewinnreserve	100
		Freiwillige Gewinnreserven	135
		Liquidationserfolg (Gewinn)	25
	460		460

e)

	Bankguthaben	460
./.	Aktienkapital	−200
=	Verrechnungssteuerpflichtige Ausschüttung	260

Die Verrechnungssteuer beträgt 91 (35 % von 260).

9.08 Fusion durch Absorption

a) Das Umtauschverhältnis beträgt 1 zu 6. Die Y-Aktionäre erhalten für sechs Y-Aktien eine X-Aktie.

b) Zur Abgabe an die Y-Aktionäre werden 5 neue X-Aktien benötigt, was bei einem Nominalwert von 10 je Aktie eine Aktienkapitalerhöhung von 50 ergibt.

c)

	Übernommenes Nettovermögen von Y	150
./.	Aktienkapitalerhöhung von X	– 50
=	Fusionsagio	100

d) Die Differenz von 70 zwischen dem bei X neu geschaffenen Aktienkapital von 50 und dem bei Y untergehenden Aktienkapital von 120 kann steuerprivilegiert den Kapitaleinlagereserven gutgeschrieben werden.

e)

	Soll-Konto		Haben-Konto		Betrag
Übernahme Aktiven Y	1xxx	Aktiven	9600	Fusion	600
Übernahme Fremdkapital Y	9600	Fusion	2xxx	Fremdkapital	450
Kapitalerhöhung X	9600	Fusion	2800	Aktienkapital	50
Fusionsagio X	9600	Fusion	2900	Gesetzliche Kapitalreserve	30
	9600	Fusion	2905	Kapitaleinlagereserven	70

f)

	Fusion	
Übernahme Aktiven Y		600
Übernahme Fremdkapital Y	450	
Aktienkapitalerhöhung X	50	
Gesetzliche Kapitalreserve X	30	
Kapitaleinlagereserven X	70	
Saldo		0

g)

Bilanz X

Aktiven		Passiven	
Aktiven	5 600	Fremdkapital	2 450
		Aktienkapital	1 050
		Gesetzliche Kapitalreserve	30
		Kapitaleinlagereserven	70
		Gesetzliche Gewinnreserve	400
		Freiwillige Gewinnreserven	1 600
	5 600		5 600

h)

	Soll-Konto		Haben-Konto		Betrag
Übergabe Aktiven an X	9600	Fusion	1xxx	Aktiven	600
Übergabe Fremdkapital an X	2xxx	Fremdkapital	9600	Fusion	450
Übergabe Aktienkapital an X	2800	Aktienkapital	9600	Fusion	120
Übergabe Reserven an X	2950	Gesetzliche Gewinnreserve	9600	Fusion	10
	2960	Freiwillige Gewinnreserven	9600	Fusion	20

9.09 Fusion durch Kombination

a) Die Aktionäre der Unternehmung X erhalten für eine ihrer Aktien zwei Z-Aktien. Die Aktionäre der Unternehmung Y erhalten für eine ihrer Aktien drei Z-Aktien.

b) Die X-Aktionäre erhalten 80 Z-Aktien (2 mal 40), die Y-Aktionäre 150 Z-Aktien (3 mal 50). Das Aktienkapital von Z beträgt 460 (230 Aktien zu 2 nominal).

c)

	Übernommenes Nettovermögen von X	800
+	Übernommenes Nettovermögen von Y	1 500
./.	Aktienkapitalerhöhung von Z für X	− 160
./.	Aktienkapitalerhöhung von Z für Y	− 300
=	Fusionsagio	1 840

d) Die Differenz von 940 zwischen dem bei Z neu geschaffen Aktienkapital von 460 und dem bei X und Y untergehenden Aktienkapital von gesamthaft 1400 kann steuerprivilegiert den Kapitaleinlagereserven gutgeschrieben werden.

e)

	Soll-Konto		Haben-Konto		Betrag
Übernahme Aktiven X	1xxx	Aktiven	9600	Fusion	1 800
Übernahme Aktiven Y	1xxx	Aktiven	9600	Fusion	2 800
Übernahme Fremdkapital X	9600	Fusion	2xxx	Fremdkapital	1 000
Übernahme Fremdkapital Y	9600	Fusion	2xxx	Fremdkapital	1 300
Kapitalerhöhung Z	9600	Fusion	2800	Aktienkapital	460
Fusionsagio Z	9600	Fusion	2950	Gesetzliche Kapitalreserve	900
	9600	Fusion	2905	Kapitaleinlagereserven	940

f)

Bilanz Z

Aktiven			Passiven
Aktiven	4 600	Fremdkapital	2 300
		Aktienkapital	460
		Gesetzliche Kapitalreserve	900
		Kapitaleinlagereserven	940
	4 600		4 600

g) Die Arbeitsverhältnisse der Angestellten von X und Y gehen gemäss OR 333 grundsätzlich auf die Unternehmung Z über. Bei Ablehnung des Übergangs werden die Arbeitsverhältnisse auf den Ablauf der gesetzlichen Kündigungsfristen aufgelöst. Der bisherige und der neue Arbeitgeber haften solidarisch für die Forderungen der Arbeitnehmer.

9.10   Veränderung des Bilanzwerts je Aktie

a)

	Soll-Konto	Haben-Konto	Betrag
Nennwertherabsetzung	2800 Aktienkapital	1020 Bankguthaben	200

b)

	Soll-Konto	Haben-Konto	Betrag
Auszahlung	2960 Freiwillige Gewinnreserven	1020 Bankguthaben	130
Verrechnungssteuer	2960 Freiwillige Gewinnreserven	2206 Verrechnungssteuerschuld	70

c)

Gesamtzahl Aktien	$\dfrac{\text{Eigenkapital}}{\text{Angestrebter Bilanzwert}}$	$\dfrac{1800}{8}$	225 Aktien

Es werden 25 Gratisaktien benötigt.

	Soll-Konto	Haben-Konto	Betrag
Gratiskapitalerhöhung	2960 Freiwillige Gewinnreserven	2800 Aktienkapital	125

d)

	Angestrebter Wert von 3 Aktien	3 Aktien zu 8	24
./.	Wert von 2 bisherigen Aktien	2 Aktien zu 9	−18
=	Ausgabepreis der neuen Aktie		6

	Soll-Konto	Haben-Konto	Betrag
Nominalwert	1020 Bankguthaben	2800 Aktienkapital	500
Agio	1020 Bankguthaben	2905 Kapitaleinlagereserven	100

e)

	Bisheriges Eigenkapital	100 Aktien zum Bilanzwert von 4	400
./.	Angestrebtes Eigenkapital	100 Aktien zum Bilanzwert von 4,5	−450
=	Zuzahlung		− 50

	Soll-Konto	Haben-Konto	Betrag
Zuzahlung	1020 Bankguthaben	2905 Kapitaleinlagereserven	50

f)

Gesamtzahl Aktien	$\dfrac{\text{Eigenkapital}}{\text{Angestrebter Bilanzwert}}$	$\dfrac{405}{4,5}$	90 Aktien

Es müssen 10 Aktien zum Nominalwert von 2 in Reserven umgewandelt werden.

	Soll-Konto	Haben-Konto	Betrag
Zuzahlung	1020 Bankguthaben	2905 Kapitaleinlagereserven	5
Umwandlung	2800 Aktienkapital	2905 Kapitaleinlagereserven	20

9.11 Baukonsortium abgeschlossen

a)

Erfolgsrechnung der ARGE

	Produktionserlöse	400
./.	Materialaufwand	–160
./.	Leistungen Dritter	– 80
./.	Maschinenmietaufwand	–100
./.	Verwaltungsaufwand	– 16
./.	Zinsaufwand	– 4
=	**Gewinn**	**40**

b)

	Soll-Konto		Haben-Konto		Betrag
Vorfinanzierung	1020	Bankguthaben	2140	Kurzfristige Verbindlichkeiten Dritte	400
Baumaterial	4000	Materialaufwand	1020	Bankguthaben	160
Maschinenmiete	6150	Maschinenmietaufwand	1020	Bankguthaben	100
Personalleihe	5900	Leistungen Dritter	1020	Bankguthaben	80
Bauleitung, Buchführung	6500	Verwaltungsaufwand	1020	Bankguthaben	16
Zahlung der Gemeinde	1020	Bankguthaben	3000	Produktionserlöse	400
Zinsen	6900	Zinsaufwand	1020	Bankguthaben	4
Rückzahlung Darlehen	2140	Kurzfristige Verbindlichkeiten Dritte	1020	Bankguthaben	400
Gewinnanteil Strada	9000	Gewinn Erfolgsrechnung	1020	Bankguthaben	24
Gewinnanteil Costruzione	9000	Gewinn Erfolgsrechnung	1020	Bankguthaben	16

c)

Buchhaltung der Strada AG

	Soll-Konto		Haben-Konto		Betrag
Gewinnanteil	1020	Bankguthaben	3100	Konsortialerfolg	24

Buchhaltung der Costruzione AG

	Soll-Konto		Haben-Konto		Betrag
Gewinnanteil	1020	Bankguthaben	3100	Konsortialerfolg	16

d)

	Aussage	Richtig	Begründung, warum falsch
1	Baukonsortien sind eine häufige Form der ARGE. Durch die Zusammenlegung von Kapazitäten erhöht sich die Leistungsfähigkeit, und die Bauzeit kann verkürzt werden.	X	
2	Die ARGE verfügt als einfache Gesellschaft über eine eigene Rechtspersönlichkeit und wird im Handelsregister eingetragen.		Einfache Gesellschaften verfügen über keine eigene Rechtspersönlichkeit und können nicht im Handelsregister eingetragen werden.
3	Eine ARGE ist nicht MWST-pflichtig und kein Steuersubjekt für die direkten Steuern.		Eine ARGE ist grundsätzlich MWST-pflichtig, jedoch kein Steuersubjekt für die direkten Steuern.
4	Die Konsortialpartner haften solidarisch für die Verbindlichkeiten der ARGE, was für Aussenstehende indes nicht sichtbar ist.		Die Solidarhaftung muss im Anhang der Jahresrechnung jedes Konsortialpartners aufgeführt werden.

9.12   Baukonsortium mehrjährig

a)

	Soll-Konto		Haben-Konto		Betrag
Eröffnung Kontokorrent		Keine Buchung[1]			
Material	4000	Materialaufwand	2100	Bankschuld	140
Maschinenmiete Hoch AG	6150	Maschinenmietaufwand	2100	Bankschuld	110
Personalleihe Hoch AG	5900	Leistungen Dritter	2100	Bankschuld	70
Bauleitung Hoch AG	6500	Verwaltungsaufwand	2100	Bankschuld	30
Maschinenmiete Tief AG	6150	Maschinenmietaufwand	2100	Bankschuld	60
Personalleihe Tief AG	5900	Leistungen Dritter	2100	Bankschuld	80
Buchführung Tief AG	6500	Verwaltungsaufwand	2100	Bankschuld	10
Zinsen	6900	Zinsaufwand	2100	Bankschuld	20
Aufgelaufene Projektkosten	1270	Unfertige Erzeugnisse	3900	BÄ unfertige Erzeugnisse	520

b)

Bilanz ARGE 31.12.20_1

Unfertige Erzeugnisse	520	Bankschuld	520

Erfolgsrechnung ARGE 20_1

	BÄ unfertige Erzeugnisse	520
./.	Materialaufwand	−140
./.	Leistungen Dritter	−150
./.	Maschinenmietaufwand	−170
./.	Verwaltungsaufwand	− 40
./.	Zinsaufwand	− 20
=	**Gewinn**	0

c)

	Soll-Konto		Haben-Konto		Betrag
Unfertige Projekte ARGE	1275	Unfertige Erzeugnisse ARGE	9100	Abwicklung Konsortialgeschäft	260
Bankschuld ARGE	9100	Abwicklung Konsortialgeschäft	2105	Bankschuld ARGE	260

d) Gemäss OR 959c Abs. 2 Ziff. 10 ist die Solidarhaftung für den nicht bilanzierten Teil der Verbindlichkeiten der ARGE von 260 im Anhang offenzulegen.

e) Die voraussichtlichen Verlustanteile von 20 sind Ende 20_1 in der Bilanz und der Erfolgsrechnung bei beiden Konsortialpartnern anteilsmässig als Rückstellungen zu erfassen.

Der Betrag der Solidarhaftung im Anhang muss um den Anteil des Konsortialpartners von 20 erhöht werden.

---

[1] Die Eröffnung des Kontokorrents führt zu keiner Buchung. Der Anfangsbestand ist 0.

9.13 Leasing

a)

Merkmal	Operatives Leasing	Finanzierungs- leasing
Die Vertragsdauer ist meist kurz, bzw. die Verträge sind kurzfristig kündbar.	X	
Die Leasingdauer entspricht ungefähr der wirtschaftlichen Nutzungsdauer.		X
Bei Vertragsabschluss entspricht der Barwert der Leasingraten samt einer allfälligen Restzahlung ungefähr dem Kaufpreis bzw. Marktwert des Leasingobjekts.		X
Der Leasinggeber erbringt viele zusätzliche Dienstleistungen wie Wartung oder Reparatur.	X	
Dieses Leasing entspricht bei wirtschaftlicher Betrachtung einem Kauf mit gleichzeitiger Fremdfinanzierung.		X
Das Leasingobjekt soll am Ende der Leasingdauer ins Eigentum des Leasingnehmers übergehen.		X
Der Leasingnehmer verbucht die Leasingraten als Aufwand.	X	
Der Leasingnehmer aktiviert das Leasingobjekt und passiviert die geschuldeten Leasingraten als Fremdkapital.		X
Die Leasingrate wird bei der Verbuchung in einen Zinsanteil und einen Rückzahlungsanteil aufgespalten.		X

b) Bei wirtschaftlicher Betrachtung erfüllt ein Finanzierungsleasing alle Merkmale eines Aktivums gemäss OR 959.

9.14 Finanzierungsleasing

a)

Jahr	Anfangskapital	Leasingrate	Zins (10 %)	Rückzahlung	Schlusskapital
20_1	30	12	3	9	21
20_2	21	12	2	10	11
20_3	11	12	1	11	0
Total	–	36	6	30	–

b)

Buchung bei Vertragsbeginn

	Soll-Konto		Haben-Konto		Betrag
Aktivierung und Passivierung	1580	Geleaste mobile Sachanlagen	2420	Langfristige Leasingverbindlichkeiten	30

Buchungen Ende 20_1

	Soll-Konto		Haben-Konto		Betrag
Zins	6900	Zinsaufwand	1020	Bankguthaben	3
Rückzahlung	2420	Langfristige Leasingverbindlichkeiten	1020	Bankguthaben	9
Abschreibung	6800	Abschreibungsaufwand	1589	WB geleaste mobile Sachanlagen	10

Buchungen Ende 20_2

	Soll-Konto		Haben-Konto		Betrag
Zins	6900	Zinsaufwand	1020	Bankguthaben	2
Rückzahlung	2420	Langfristige Leasingverbindlichkeiten	1020	Bankguthaben	10
Abschreibung	6800	Abschreibungsaufwand	1589	WB geleaste mobile Sachanlagen	10

Buchungen Ende 20_3

	Soll-Konto		Haben-Konto		Betrag
Zins	6900	Zinsaufwand	1020	Bankguthaben	1
Rückzahlung	2420	Langfristige Leasingverbindlichkeiten	1020	Bankguthaben	11
Abschreibung	6800	Abschreibungsaufwand	1589	WB geleaste mobile Sachanlagen	10
Rückgabe, Ausbuchung	1589	WB geleaste mobile Sachanlagen	1580	Geleaste mobile Sachanlagen	30

9.15 Finanzierungsleasing mit Abschlussgebühr und Kaufoption

a)

Zinseszinsrechnung

Jahr	Anfangskapital	Leasingrate	Zins (8 %)	Rückzahlung	Schlusskapital
20_1	200	62	16	46	154
20_2	154	62	12	50	104
20_3	104	62	8	54	50
Total	–	186	36	150	–

b)

Buchungen bei Vertragsbeginn

	Soll-Konto		Haben-Konto		Betrag
Aktivierung und Passivierung	1580	Geleaste mobile Sachanlagen	2420	Langfristige Leasingverbindlichkeiten	150
Abschlussgebühr	6160	Leasingaufwand mobile Sachanlagen	1020	Bankguthaben	6

Buchungen Ende 20_1

	Soll-Konto		Haben-Konto		Betrag
Zins	6900	Zinsaufwand	1020	Bankguthaben	16
Rückzahlung	2420	Langfristige Leasingverbindlichkeiten	1020	Bankguthaben	46
Abschreibung	6800	Abschreibungsaufwand	1589	WB geleaste mobile Sachanlagen	50

Buchungen Ende 20_2

	Soll-Konto		Haben-Konto		Betrag
Zins	6900	Zinsaufwand	1020	Bankguthaben	12
Rückzahlung	2420	Langfristige Leasingverbindlichkeiten	1020	Bankguthaben	50
Abschreibung	6800	Abschreibungsaufwand	1589	WB geleaste mobile Sachanlagen	50

Buchungen Ende 20_3

	Soll-Konto		Haben-Konto		Betrag
Zins	6900	Zinsaufwand	1020	Bankguthaben	8
Rückzahlung	2420	Langfristige Leasingverbindlichkeiten	1020	Bankguthaben	54
Abschreibung	6800	Abschreibungsaufwand	1589	WB geleaste mobile Sachanlagen	50
Ausbuchung Leasing	1589	WB geleaste mobile Sachanlagen	1580	Geleaste Sachanlagen	150
Ausübung Kaufoption	1500	Maschinen	1020	Bankguthaben	50

c)

	Soll-Konto		Haben-Konto		Betrag
Abschreibung	6800	Abschreibungsaufwand	1509	WB Maschinen	25

d) Da die ausstehenden Leasingraten als Verbindlichkeiten bilanziert sind, müssen sie nicht im Anhang erwähnt werden (OR 959c Abs. 2).

e) Die Finanzierungskosten fallen erst an, wenn der Nutzen aus der Sachanlage entsteht (engl. *pay as you earn* = zahle die Finanzierungskosten, wenn du sie verdienst).

f)

	Soll-Konto		Haben-Konto		Betrag
Leasingrate	6160	Leasingaufwand mobile Sachanlagen	1020	Bankguthaben	62

g) Die Verbuchung als operatives Leasing

- ist einfacher (keine Zinseszinsrechnung, geringere Anzahl Buchungen)
- führt zu einem besseren Bilanzbild (kleineres Fremdkapital).

9.16 Finanzierungsleasing mit Berechnung Leasingrate

a)

Leasingrate (Annuität)	$\dfrac{\text{Barkaufpreis}}{\text{Rentenbarwertfaktor}}$	$\dfrac{300\,000}{4,212}$	**71 225**

b)

Buchungen bei Vertragsbeginn

	Soll-Konto		Haben-Konto		Betrag
Aktivierung und Passivierung	1580	Geleaste mobile Sachanlagen	2420	Langfristige Leasingverbindlichkeiten	300 000
Umbuchung	2420	Langfristige Leasingverbindlichkeiten	2120	Kurzfristige Leasingverbindlichkeiten	53 225

Buchungen Ende 20_1

	Soll-Konto		Haben-Konto		Betrag
Zins	6900	Zinsaufwand	1020	Bankguthaben	18 000
Rückzahlung	2120	Kurzfristige Leasingverbindlichkeiten	1020	Bankguthaben	53 225
Abschreibung	6800	Abschreibungsaufwand	1589	WB geleaste mobile Sachanlagen	60 000
Umbuchung	2420	Langfristige Leasingverbindlichkeiten	2120	Kurzfristige Leasingverbindlichkeiten	56 418

Buchungen Ende 20_2

	Soll-Konto		Haben-Konto		Betrag
Zins	6900	Zinsaufwand	1020	Bankguthaben	14 807
Rückzahlung	2120	Kurzfristige Leasingverbindlichkeiten	1020	Bankguthaben	56 418
Abschreibung	6800	Abschreibungsaufwand	1589	WB geleaste mobile Sachanlagen	60 000
Umbuchung	2420	Langfristige Leasingverbindlichkeiten	2120	Kurzfristige Leasingverbindlichkeiten	59 804

Platz für Berechnungen

Jahr	Anfangskapital	Leasingrate	Zins (6 %)	Rückzahlung	Schlusskapital
20_1	300 000	71 225	18 000	53 225	246 775
20_2	246 775	71 225	14 807	56 418	190 357
20_3	190 357	71 225	11 421	59 804	130 553

9.17 Echtes Factoring

a) Verbuchen Sie den Forderungsverkauf und die Gebühren.

	Soll-Konto		Haben-Konto		Betrag
Forderungsverkauf netto	1020	Bankguthaben	1100	Forderungen L+L	540
Factoring-Gebühr	6700	Sonstiger Betriebsaufwand	1100	Forderungen L+L	60

b) Die drei Leistungen des Factors lassen sich wie folgt beschreiben:

- Forderungsmanagement bedeutet, dass der Factor das Führen der Debitorenbuchhaltung sowie das Mahnwesen und das Inkasso übernimmt.
- Mit dem Forderungsausfallschutz übernimmt der Factor das Risiko, dass die Kunden nicht zahlen (sogenanntes Delkredere-Risiko).
- Mit der Bevorschussung gewährt der Factor der Handel AG einen Kredit: Die Handel AG erhält das Geld vom Factor sofort; die Kunden der Handel AG zahlen später an den Factor.

c) Die Forderungen L+L können ausgebucht werden, weil der Factor beim echten Factoring das Risiko des Forderungsverlusts übernimmt.

9.18 Unechtes Factoring

a)

	Soll-Konto		Haben-Konto		Betrag
Abtretung der Forderung		Keine Buchung			
Bevorschussung netto	1020	Bankguthaben	2210	Verbindlichkeiten Factor	375
Factoring-Gebühr	6700	Sonstiger Betriebsaufwand	2210	Verbindlichkeiten Factor	25
Forderungsverlust	3805	Verluste Forderungen	1100	Forderungen L+L	10
Ausbuchung der Forderungen	2210	Verbindlichkeiten Factor	1100	Forderungen L+L	490
Überweisung Restbetrag	1020	Bankguthaben	2210	Verbindlichkeiten Factor	90

	Bank-guthaben	Forderungen L+L	Verbindlich-keiten Factor	Sonstiger betrieblicher Aufwand	Verluste Forderungen
Anfangsbestände	0	500	0		
Bevorschussung netto	375		375		
Factoring-Gebühr			25	25	
Forderungsverlust		10			10
Ausbuchung der Forderungen		490	490		
Überweisung Restbetrag	90		90		
Salden	**465**	**0**	**0**	**25**	**10**

b) Beim echten Factoring übernimmt der Factor den Forderungsausfallschutz (Delkredere-risiko), beim unechten nicht.

c) Die restlichen 20 % bilden eine Sicherheitsmarge für allfällige Forderungsverluste.